羅天大醮

唐宋時期的興起和實踐

曹羿 著

中華書局

內容簡介

道教流傳至今最古老的高等級齋醮科儀就是羅天大醮，醮儀產生於中晚唐時期，歷經北宋、南宋王朝的發展，隨着全真教的興起而達到鼎盛。羅天大醮的成因比較複雜，主要來自於以下幾個方面：齋醮科儀的發展趨勢，統治階級多變的宗教政策和「安史之亂」時期上至帝王下至黎庶對於宗教的需要。唐宋時期是道教蓬勃發展的階段，羅天大醮有大量的實踐活動，社會的需求和道教發展對這些活動產生了直接影響。通過對唐宋羅天大醮的梳理和考證，可以揭示醮儀鮮為人知的歷史；為現代社會啟建羅天大醮提出合理化建議；也為道教歷史研究和傳承發展帶來一些啟示。

目　錄

第一章　緒　論

第一節　為什麼要研究羅天大醮？　002
第二節　關於羅天大醮的文獻　015
第三節　研究羅天大醮的思路與方法　018

第二章　羅天大醮的興起

第一節　唐以前道教齋醮科儀的沿革　022
第二節　羅天大醮的興起及其特質　042
第三節　羅天大醮出現的原因　051
第四節　小結　070

第三章　羅天大醮在唐代的實踐

第一節　唐肅宗時代　075
第二節　唐敬宗和唐武宗時代　093

第三節　唐哀帝時代　099

第四節　小結　104

第四章　羅天大醮在北宋的實踐

第一節　宋真宗時代　125

第二節　宋仁宗時代　132

第三節　宋徽宗時代　150

第四節　小結　165

第五章　羅天大醮在南宋的實踐

第一節　宋孝宗時代　169

第二節　宋寧宗時代　176

第三節　宋理宗時代　181

第四節　小結　188

第六章　羅天大醮在金元（蒙古）之際（截止到南宋末年）的實踐

第一節　金代　192

第二節　元（蒙古）時代　207

第三節　小結　214

第七章　結束語 217

參考文獻 232

致　謝 236

附錄：圖表 238

第一章

緒　論

第一節　為什麼要研究羅天大醮？

一、何為羅天大醮？

羅天大醮是道教齋醮科儀中最隆重的大型宗教儀式之一，在普天大醮、周天大醮和羅天大醮之中，羅天大醮是歷史最悠久的，幾乎囊括了所有的科儀的內容，而且具備了科儀全部的功能性。道教從天師道至今一千八百多年，羅天大醮有近一千二百六十年的歷史了，它涵蓋了教理、術數、經懺、道樂、武術等諸多道教精髓。羅天大醮在道教史的研究中佔有重要地位，目前學術界還沒有專門的著作。

首先給羅天大醮下個定義，從三個層面來談，即字面、內容、作用。

1. 從字面上來説。羅天大醮中的羅天指的是大羅天，道教中的神仙信仰體系中按照立體結構從下而上將地面以上分為三十六重天，分別是：欲界六天、色界十八天、無色界四天（以上簡稱三界二十八天）、四種梵天、三清天、大羅天等共計三十六重天，神仙就居住在這三十六重天之中，隨着天界的升高神仙的位階也越高，大羅天就是最高的那重天。在大羅天中心有座玉京山，玉京山上有一座七寶城，七寶城中有一個七寶宮，宮中有一座七寶玄台，玄台四周有八棵七寶樹，覆蓋八方羅天。大羅天乃是「元始經云：大羅之境，無復真宰，惟大梵之氣，包羅諸天。……故頌曰：三界之上，渺渺大羅，上無色根，雲層峨峨。」[1]，「李少微：大羅玉清境，窮高極遠，更無一物在其上，能包羅眾天，故曰大羅。」[2]大羅天既是最高等級神仙居住的地方，也是天地萬物產生的源頭。如果從空間上來分析，七寶樹覆蓋八方羅天，即東、西、南、北、東北、東南、西北、西南，再加上中央天，一共是九天，大羅天的含義就是從平面上覆蓋九天，從立體上位於最高的第三十六重天掌管其餘的三十五重天，可以深刻的理解為廣度和深度的極致。

---

1 〔北宋〕張君房：《雲笈七籤》卷二一，見《道藏》第 22 冊，文物出版社、上海書店、天津古籍出版社 1988 年，第 159 頁。（本文以下所引《道藏》均為三家本）

2 中國道教協會、蘇州道教協會：《道教大辭典》，華夏出版社，1994 年，第 114 頁。

表1　三十六重天

序	界	天	天帝	帝諱	相距下一天（一炁有九萬九千九百九十重）	方位
一	欲界天	太黃皇曾天	鬱鑑玉明	觀覺	九億九萬炁	東方九炁青天
二		太明玉完天	須阿那田	攬覺	八億萬炁	
三		清明何童天	元育齊京	大覺	七億萬炁	
四		玄胎平育天	劉度內鮮	育王	六億萬炁	
五		元明文舉天	丑法輪	梵雲	五億萬炁	
六		上明七曜摩夷天	恬愴延	玉真	四億萬炁	
七	色界天	虛無越衡天	正定光	無上	三億萬炁	
八		太極蒙翳天	曲育九昌	吁員	二億萬炁	
九		赤明和陽天	理禁上真	煥明	九千萬炁	南方三炁丹天
十		玄明恭華天	空謠丑音	世元主	八千萬炁	
十一		耀明宗飄天	重光明	落覺王	七千萬炁	
十二		竺落皇茄天	摩夷妙辯	韶	六千萬炁	
十三		虛明堂耀天	阿那婁生	雲上	五千萬炁	
十四		觀明端靖天	鬱密羅千	淨生	四千萬炁	
十五		玄明恭慶天	龍羅菩提	鏡主	三千萬炁	
十六		太煥極瑤天	宛黎無延	廓奕	二千萬炁	
十七		元載孔昇天	開真定光	猷	九百萬炁	西方七炁素天
十八		太安皇崖天	婆婁阿貪	宛	八百萬炁	

續表

序	界	天	天帝	帝諱	相距下一天（一炁有九萬九千九百九十重）	方位
十九	色界天	顯定極風天	招真童	流	七百萬炁	西方七炁素天
二十		始皇孝芒天	薩羅婁王	易遨	六百萬炁	
二十一		太黃翁重天	閔巴狂	阿濫	五百萬炁	
二十二		無思江由天	明梵光	阿丘	四百萬炁	
二十三		上揲阮樂天	勃勃監	無量	三百萬炁	
二十四		無極曇誓天	飄弩穹隆	曇	二百萬炁	
二十五	無色界天	皓庭霄度天	慧覺昏	育	九萬九千炁	北方五炁玄天
二十六		淵通元洞天	梵行觀生	上	八萬八千炁	
二十七		翰寵妙成天	那育醜瑛	陀	七萬七千炁	
二十八		秀樂禁上天	龍羅覺長	隗	六萬六千炁	
二十九	種民天（又稱聖弟子天、四梵天）	無上常融天	總監鬼神	極	五萬五千炁	
三十		玉隆騰勝天	眇眇行元	浮黎	四萬四千炁	
三十一		龍變梵度天	運上玄玄	惡奕	三萬三千炁	
三十二		平育賈奕天	大擇法門	精上	二萬二千炁	
三十三	三清天	太清境大赤天	神寶君／道德天尊所居			
三十四		上清境禹余天	靈寶君／靈寶天尊所居			
三十五		玉清境清微天	天寶君／元始天尊所居			
三十六	大羅天		元始天尊所居			

2. 從內容來説。科儀內容包括羅天大醮早朝科、午朝科、晚朝科。三朝科儀大同小異，基本內容為請五方、降聖、三獻、宣詞、宣疏、宣進狀、奉送等。其中醮儀召請的天官數量是其不同於其他醮儀的特點，需要詳加考證。羅天大醮祭祀的時候，召請的是大羅天下的所有神仙，對於羣仙數量的設定則是依據天師道最初的官章儀中記錄的數量，即一千二百個天官的聖位。對於一千二百官章的分析見於表格 2。現流傳於世的普天大醮、周天大醮和羅天大醮啟建之時分別鋪設三千六百、二千四百和一千二百個天官神位。每鋪設一個神位，就是延請一位天官聖真。呂元素的《道門定制》卷三對三種大醮有如下的描述：

> 凡修齋醮，奏獻錢馬，止以質誠效信，通達真靈。若分位稍多，即諸事有闕古法，但焚柴割髮，奏幣飛章，酌水獻花，冥心懇禱，由此觀之，奏紙之法亦不假多，而獲福止在至誠矣。按道藏三籙齋者：上元金籙齋，帝王修奉，展禮配天，罷散設普天大醮，三千六百分位。中元玉籙齋，保佑六宮，輔寧妃后，罷散設周天大醮，二千四百分位。下元黃籙齋，臣庶通修，普資家國，罷散設羅天大醮，一千二百分位。[1]

---

1 《道藏》第 31 冊，第 676 頁。

這裏就出現了一個重要的問題，目前我們掌握的僅有「謹封羅天等醮聖號，黃籙羅天一千二百分聖位」[1] 的列表，沒有二千四百分聖位和三千六百分聖位的列表。從內容方面三種醮儀應該是基本一致的，不同的方面就是奉行者和鋪設分位。由於羅天大醮形成較其他兩種大醮要早，而且根據本文第三章的內容，證明奉修羅天大醮在唐宋時期也一直是統治階級的特權。經過對表格 2 的分析，天師道祖師創教之初僅設立了一千二百聖位並為恆式，這一千二百聖號就代表了大羅天下天官數量。道教對於一千二百分位以外的聖位稱號有「右前後集所刊章文，並依藏本校勘，所請天官，悉以太上所授天師，千二百官章經，一一對定刊行。竊見近來所刊章本，如文昌、禳水、禳火等，不惟文辭礙理，而所請官皆以私意，臆度撰造，遍考千二百官章經，並不具載，如言功章，自當於願意內除去。」[2] 的規定。陶弘景在《登真隱訣》卷下説：「今所應上章，並無正定好本，多是凡校，祭酒虛加損益，永不可承用，唯當依千二百官儀，注取所請，並此二十四官，與事日相應者請之。」[3] 對於這樣的規定，説明天師道所傳天官一千二百天官聖號是不允許隨意增加的，但是在之後又設立了普天大醮和周天大醮的三千六百和二千四百分位，而且三千六百和二千四百分位沒有明確出處和聖位封

1 〔北宋〕呂元素：《道門定制》卷三，見《道藏》第 31 冊，第 677 頁。

2 〔北宋〕呂元素：《道門定制》卷七，見《道藏》第 31 冊，第 729 頁。

3 《道藏》第 6 冊，第 621 頁。

號，所以從教義上是無法自圓其說的，普天大醮和周天大醮的聖真分位只能是在一千二百分位的基礎上增加演變而來的。相比較下，只有羅天大醮召請聖真的名錄符合道教規制。

表 2　羅天大醮一千二百分位

序號	名稱	文獻出處	具體內容
1	天官章本千有二百	《魏書．釋老志》卷一百一十四，第 3048 頁。	其為教也，蠲去邪累，澡雪心神，積行樹功，累德增善，乃至白日升天，長生世上。所以秦皇、漢武，甘心不息。靈帝置華蓋於濯龍設壇場而為禮。及張陵受道於鵠鳴，因傳天官章本千有二百，弟子相受，其事大行。齋祠跪拜，各成法道，有三元九府，百二十官，一切諸神，咸所統攝。
2	千二百官儀	《道藏》六冊，《登真隱訣》，第 621 頁。	今所應上章，並無正定好本，多是凡校，祭酒虛加損益，永不可承用，唯當依千二百官儀，注取所請，並此二十四官，與事日相應者請之，先自申陳疾患根源，次謝衍考，羅咎，乃清官救解。
3	千二百官儀	《道藏》十一冊，《赤松子章曆》，第 173 頁。	太上垂慈，下降鶴鳴山，授張天師正一盟威符籙，一百二十官階及千二百官儀，三百大章，法文祕要，救治人物。
4	千二百官章文	《道藏》二十四冊，《陸先生道門科略》，第 779 頁。	太上患其若此，故授天師正一盟威之道，禁戒律科，檢示萬民逆順，福禍功過，令知好惡。置二十四治，三十六靖廬，內外道士二千四百人，下千二百官章文，萬通誅符，伐廟殺鬼，生人滌盪，宇宙明正，三五周天、匝地，不得復有淫邪之鬼。

續表

序號	名稱	文獻出處	具體內容
5	千二百官章經	《道藏》三十一冊，《道門定制》，第729頁。	右前後集所刊章文，並依藏本校勘，所請天官，悉以太上所授天師，千二百官章經，一一對定刊行。竊見近來所刊章本，如文昌、禳水、禳火等，不惟文辭礙理，而所請官皆以私意，臆度撰造，遍考千二百官章經，並不具載，如言功章，自當於願意內除去。
6	《正一法文經章官品》	《道藏》二十八冊，第535頁。	共四卷，凡七十七條。

3. 從作用來説。由於羅天大醮召請了大羅天下所有的神仙降臨壇場，上可以保皇圖、社稷永固，下可以安黎庶樂業，其功能性最為全面，如國泰民安、謝罪謝恩、祈壽延生、拔幽薦祖、消禳瘟災、祈消兵戈等等。如此強大齊全的功能正是其獨有的特點。

綜上所述，羅天大醮有兩個特點：一從名稱上來説，醮儀祭拜大羅天或九天；二從內容上來講，醮儀鋪設神位一千二百分位。因為只要是設醮祭拜大羅天，延請的就是大羅天下全部一千二百天官。相應的只要是醮儀之中設一千二百分位，就是以大羅天下的所有天官神仙作為召請對象。即使考證的文獻之中並沒有直接給出名稱，但是只要符合這兩個特點之一，即可初步判斷為羅天大醮。這一點對於今後的判斷尤為重要。

本書要嘗試揭示羅天大醮興起的原因，考證唐宋時期羅天大醮實踐活動個案的詳細內容，從中總結出社會、政治等因素對道教的影響，以及道教如何積極地回應，並為現代社會啟建羅天大醮提供合理的建議，也為道教歷史研究和傳承發展帶來一些啟示。

二、羅天大醮的研究意義

（一）歷史意義

1. 羅天大醮在唐宋時期，既是道教的最高等級的齋醮科儀，也是國家祭祀儀式的重要組成部分，雖然在宋代中後期產生了普天大醮和周天大醮，但是羅天大醮啟建的數量要遠遠超過二者，所以說羅天大醮在唐宋的國家祭祀儀式之中佔有舉足輕重的位置。

2. 通過本書的研究對羅天大醮給出了一個道教史上從未有過的基本定義，這個定義既包含了道教界和學術界目前對羅天大醮的普遍性認識，也包含了在研究過程中對於羅天大醮作出新的詮釋。

3. 通過對羅天大醮興起時期道教科儀的歷史考證，結合田野調查，本文對於隋唐時期齋醮科儀的壇場佈置和儀式內容有全新的結論。

4. 通過對唐宋羅天大醮實踐活動研究，還原這一段道教發展的歷史，將這一段鮮為人知的歷史真相展現在世人的眼前。

（二）學術意義

對於羅天大醮的研究，國內外學術著作中多以研究道教科儀時一筆帶過，或是通過某一次羅天大醮的個案研究來藉以闡述某一方面的問題。實際上，羅天大醮自從興起就伴隨着道教發展的歷史進程，並一直延續至今。羅天大醮承載了諸多歷史朝代和道教發展的特點和烙印，它不但沒有像一些道教的宗派或科儀隨着時間的推移而消亡，反而經久不衰，即使到了現代，也越來越受到了社會的重視。這個現象不容小覷，研究羅天大醮在唐宋的發展史可以為在現代啟建羅天大醮提供有力的支持，並為道教史的研究提供借鑒和補充。

1. 學術界研究羅天大醮所涉及的個案僅有幾例，本書經過對文獻的梳理，發掘出了唐宋時期大量羅天大醮的個案，豐富了道教的研究素材，可以推動多方面的研究進程。

2. 本書利用分析羅天大醮興起的原因來闡述社會各個分層的宗教需要，對比現有研究成果，將道教與社會相互依存、相互促進的關係更加細緻化和具體化。

3. 本書將唐宋時期羅天大醮能夠收集到的個案詳細分析後再縱向排列，從同一時期的變化和不同時期的演變等多角度加以對比，揭示羅天大醮實踐的演變過程，從全新的角度來拓展道教的研究領域。

4. 道教中有很多從未涉及的問題，如羅天大醮的起源、唐朝羅天大醮的壇場設置、唐宋時期羅天大醮的啟建費用等等，通過本書的研究，可以填補這項空白。

5. 本書將已有的羅天大醮個案研究進一步細緻考證，並將其放置於該歷史時期的社會大環境中加以分析，對已有的成果進行了補充，推動了研究進程。

6. 本書第六章之所以要將南宋末年同時並存的金元（蒙古）時期的羅天大醮併入研究，就是從對比羅天大醮的一系列實踐活動的角度，通過教團組織對於祖庭概念的繼承和發展以及教團人員對於人才的爭取方面，印證和詮釋了全真教興起的原因。

（三）現實意義

自從中華人民共和國成立以來，羅天大醮舉辦的規模和頻率逐漸呈現出擴大和增加的趨勢，本論文具有重要的現實意義：

1. 眾所周知，我們現在的《道藏》是研究道教非常重要的歷史文獻，但是其成書於明代，如果向上追溯（見表格3），從唐代開始歷代都有官修的《道藏》，但是所有寫本都沒有流傳下來，唐代的《開元道藏》即《一切道經》是歷史上首次記載的官修道經，而且後世的道藏多以其為藍本，但是變化較大，大批的早期珍貴的道書都已經失傳，剩下的和後期收集的編入《正統道藏》的道書中真偽交雜，錯誤不少，給後人研究道教提出了難題。「幸得近年隨着對敦煌道經研究的深入，雖然目前已經發現八百多件敦煌道經及相關文書抄本，考定或擬定的經名約有170種、230多卷。其中《正統道藏》未收的80多種《道藏》本殘缺而敦煌本可補缺的18種30多卷。就是說有超過半數敦煌經卷不見於《道藏》。其中約 20 種見於《道藏缺經目》著錄，是毀於元代焚經的唐代《道藏》所收經書。這些缺佚的早期經書，對解決道教研究中懸而未決的問題，具有極重要的價值。」[1] 但是這有用的 30 多卷敦煌道經相對於《南竺觀記碑》中記載《開元道藏》的二千一百三十卷，[2] 只是很小的一部分。但是顯得彌足珍貴。王卡提及的一些情況在整理唐宋羅天大醮的時候也遇到了，結合對歷史文獻的對比和考證，《道藏》之中確實有很多謬誤需要校對，這是一個長期而細緻的工作，本文在研究過程中將其中部分謬誤予以考證，為將來對於《道藏》的修訂提供了一些依據和方法的參考。

2. 通過本書的研究，為將來羅天大醮的舉辦提供了大量的素材和佐證，可以使羅天大醮的舉辦更加適應社會發展和需要，使這一古老的科儀繼續傳承和發揚下去。

3. 從縱向分析唐宋時期羅天大醮的實踐活動，可以總結出一些規律性的結論，為現代道教的發展提供一些有益的啟示。

表 3　歷代官修《道藏》匯總

朝代	年號	年份	帝王	編修人員和單位	名稱	卷數	被毀年代	焚毀原因
唐	先天	712	唐玄宗	史崇玄、盧子真等 44 人	《一切道經音義》《開元道藏》	目錄 113 卷	755—763	安史之亂

1　王卡：《敦煌道教文獻研究》，中國社會科學出版社，2004 年，第 26 頁。

2　王卡：《敦煌道教文獻研究》，中國社會科學出版社，2004 年，第 22 頁。

續表

朝代	年號	年份	帝王	編修人員和單位	名稱	卷數	被毀年代	焚毀原因
唐	開元	726	唐玄宗	發使搜訪道經	《三洞瓊綱》	3744卷	755—763	安史之亂
宋	大中祥符	1008	宋真宗	戚綸、陳堯佐、朱益謙、馮德之等	《寶文統錄》	4359	1126	靖康年間
宋	大中祥符	1012	宋真宗	張君房	《大宋天宮寶藏》	4565	1126	靖康年間
宋	崇寧	1104	宋徽宗	遣使搜訪道家遺書	《大宋天宮寶藏》	5387	1126	靖康年間
宋	政和	1113	宋徽宗	搜訪道書	《萬壽道藏》	5481	1126	靖康年間
元	太宗	1237	元太宗	宋德芳	《玄都道藏》	7800	1254	僧道辯論
明	永樂	1413	明成祖	張宇初	功未就緒，成祖崩殂	未刊	＼	＼
明	正統	1444	明英宗	邵以正	《正統道藏》	5305	＼	＼
明	萬曆	1607	明神宗	張國祥	《萬曆續道藏》	32 函	1900	八國聯軍

此表格依據陳國符著《道藏源流考》，中華書局，2012 年第二版製作。

第二節　關於羅天大醮的文獻

首先我要提到的是一本非學術著作。為了紀念 2007 年在香港舉行羅天大醮而出版的一本名為《羅天大醮》的畫冊，這本書全方位詳盡介紹了 2007 年在香港舉行的羅天大醮的全過程，還列舉了部分歷史上的羅天大醮，提供了很多研究素材，但其僅簡單列舉了醮儀舉辦的時間、地點、文獻出處、儀式特點等內容，而且由於不是學術著作沒有經過專業、深入考證，所以存在諸如醮儀重複計算、醮儀時間、目的錯誤、統計遺漏等謬誤。但是本論文在寫作之中受益良多。

一、關於羅天大醮興起的問題

卿希泰《中國道教》簡單介紹了道教流派的演變過程。（知識出版社，1994 年）

陳垣《道家金石略》按照時間順序羅列了從漢魏六朝到明朝間大部分的道教金石材料，對於個案研究大有益處。（文物出版社，1998 年）

張澤洪的《道教齋醮科儀研究》將道教齋醮儀式的源流，由先秦到唐宋的脈絡梳理的比較清晰，然後又對道教齋醮科儀的壇場、儀式、功能做了介紹。（巴蜀書社，1999 年）

榮新江主編《唐代宗教信仰與社會》，雷聞《五嶽真君祠與唐代國家祭祀》列舉了唐代國家的嶽瀆投龍儀式（661

年—773年），清晰地描繪出科儀發展的脈絡。（上海辭書出版社，2003年）

呂鵬志《唐前道教儀式史綱》詳細闡述了天師道儀式、方士儀式、靈寶科儀的流變，細述唐前南北方道教科儀統一的過程。（中華書局，2008年）

盧國龍、汪桂平《道教科儀研究》詳細闡述了道教齋醮科儀的起源，並對初期道教的天師道，上清、靈寶齋法作了詳細的介紹，詳細闡述隋唐至明清主流道派的齋醮科儀的歷史沿革。（方志出版社，2009年）

〔英〕巴瑞特著，曾維加譯《唐代道教—中國歷史上黃金時期的宗教與帝國》在第六章：安史之亂到九世紀早期的道教與帝國，提到了唐肅宗羅天大醮。他從顯靈和吉兆方面進行了考證。（齊魯書社，2012年第一版，2013年第二印）

現有的學術著作多以道教史料來研究道教科儀產生、變化、發展。我就本書研究的羅天大醮的興起問題，多方收集整理道教科儀方面、社會結構方面、社會各個層面的信仰需要方面、統治階級的干預力度方面的素材來進行等多角度、多層面的立體研究。

二、關於唐宋羅天大醮實踐的問題

〔日〕福井康順、山崎宏、木村英一《道教》在談論唐代齋醮：「但由於比較缺乏有關該時期修齋實例的史料，具體內容不清。要搞清齋醮的具體內容，需考察宋代以來的歷史，這時齋醮在民間也廣泛流行起來，史料變得豐富了。」書中在北宋真宗時期提到了一次羅天大醮，但是沒有列出醮儀的名稱，而是從齋醮科儀向民間擴散的角度談起的。（上海古籍出版社，1990 年）

林西朗《唐代道教管理制度研究》詳細介紹了唐代國家祭祀儀式和唐代道教齋醮科儀之間的關係，唐玄宗御敕編撰的《唐六典》將道教之齋醮列入國家祀典，成為國家禮儀重要的組成部分。書中提及了杜光庭在《天壇王屋山聖跡序》中記錄的設羅天之醮的事件。（巴蜀書社，2006 年）

吳真《中國道教》，《從杜光庭的六篇醮詞看早期羅天大醮》，（2008 年第 2 期）詳細分析了六篇醮詞的內容。

趙衛東《金元全真道教史論》着重介紹了全真道教在金元初期的創立和發展過程，文中介紹了王處一在泰和元年（1201 年）和三年（1203 年）主持的兩次普天醮儀。（齊魯書社，2010 年）程越《金元時期全真道宮觀研究》（齊魯書社，2012 年）和景安寧《道教全真派宮觀、造像與祖師》（中華書局，2012 年）都提及了這兩次普天醮儀。但是在卿希泰主編的《中國道教史》（修訂本）中對兩次醮儀認定為羅天大醮。

查慶、雷曉鵬《宋代道教審美文化研究—兩宋道教文學與藝術》中談及道教科儀中的青詞，從中既可以從創作者的身份也可以從青詞內容之中獲得大量的研究線索，創作者的身份既有大儒也有高道，青詞的內容會涉及到醮儀內容、社會流行元素、醮儀靈驗等很多有用的素材和線索。書中還提及了宋王欽若編修的《羅天大醮》10 卷。（四川大學出版社，

2012 年）

張廣保《全真教的創立與歷史傳承》詳細介紹了全真教初期祖庭制度的建立。（中華書局，2015 年）

上述很多學術著作中提及羅天大醮，很少對個案詳細研究和將個案系統化研究，大多是為了研究道教齋醮科儀方面而一筆帶過，沒有對其進行系統全面的考證。我將儘可能全面蒐集梳理相關的直接或間接的文獻，在將每一個個案研究細化後再縱向排列在一起與當時的社會環境進行對比，並細緻分析之間的聯繫，挖掘更深層次的意義，揭示其歷史性和規律性。

第三節　研究羅天大醮的思路與方法

一、基本思路

本書主要考證羅天大醮在唐代的興起及其在唐宋時期的實踐。

羅天大醮的興起分為三個部分的內容進行探討，首先是唐前齋醮科儀的梳理，從道教齋醮科儀的形成到隋末唐初的階段，可以劃分為三個歷史階段：即雛形階段、改革階段和統一階段。其中，第二個改革階段最為重要，主要從三條主線分析研究：（1）北天師道齋醮科儀的演變；（2）南方上清派齋醮科儀的演變；（3）南方靈寶派齋醮科儀的演變。道教隨着隋唐的統一而南北融合，這就為齋醮科儀的迅速發展提供了條件。

然後要考證羅天大醮產生的年代和特點，並結合時代背景，從道教內部、社會環境、政治環境等方面來闡述羅天大醮興起的原因。

唐宋時期羅天大醮的實踐研究，首先要分朝代研究，即唐代、北宋、南宋、截至到南宋末年的金元（蒙古）時期。每個朝代按照舉辦羅天大醮年代的皇帝先後順序分別考證分析。個案研究就是要考證每一次羅天大醮的四個方面：基本情況、舉辦原因和時代背景。基本情況分為：醮儀舉辦時間、地點、內容和人物。其中時間要考證到儘可能的準確，因為只有根據確切的時間才有可能分析出正確的啟建原因；地點要考證是在道觀內還是皇宮內還是在露天道場還是其他場所，藉以分析為何在不同的地點舉行的原因；醮儀內容：科儀內容、醮詞、靈應事件；人物，主要是指參加醮儀的人物，包括主持醮儀的道士、司職某一壇場的道士、高功道士和參加醮儀的官員、儒生、著名詩人。對這些主要人員要考證其生平和文學作品，因為參加羅天大醮是一項殊榮，他們往往會把此項殊榮以詩詞等形式記錄下來，找到這些文學作品並詳加分析，可以確定在相近年代舉辦的羅天大醮的史料記載缺少的官員和道教人物信息，還可以確定醮儀內容等文獻內短缺的信息。時代背景：醮儀舉辦當時的政治、經濟、文化背景。政治和經濟要通過對大量文獻的梳理，描繪出同一時期的外部和內部的社會環境、政治環境、經濟環境，尋找出與羅天大醮之間的互動因素，可以進一步分析羅天大醮舉行的目的和意義。文化方面包括詩詞歌賦、喜劇小說，梳理出涉及羅天大醮的篇章，從文學創作的角度分析是在何種情況下提及的羅天大醮，尋找描寫醮儀內容、人物等關鍵性線索，映射了當時的何種社會問題，揭示出道教在民間社會發展的情況。最後按照時間順序將個案匯總，分析羅天大醮在同一朝代發展和演變過程。

二、研究方法

1. 本書首先以歷史考證和歷史文獻學相結合的方法進行研究。也就是從道藏、正史、金石、文集、方志等文獻中梳理出有關羅天大醮的史料。

2. 本書還採用了大量的圖表對比分析法，可以將同一事物在不同歷史時期的不同表現形式，或者將不同事物在同一歷史時期的各種表現形式，很直觀的展現出來，便於我們考證分析。

第二章

羅天大醮的興起

羅天大醮的興起，並不是一個偶然事件，而是道教的齋醮科儀發展到一定的歷史階段並為了適應當時的政治、經濟、文化的發展和社會生活的需要而形成的。目前學術界對於羅天大醮的研究多是從道教科儀角度去探討，而很少關注其他因素，如道教教團內部的需要、社會各個階層的需要、政治環境變化的需要。這些諸多方面的需要造成了非常複雜的成因，因而使得羅天大醮興起的問題一直沒有為學術界所重視。

第一節　唐以前道教齋醮科儀的沿革

英國著名人類學家和民俗學家詹姆斯・喬治・弗雷澤認為「巫術先於宗教」，他在《金枝》當中闡述：「在前幾章裏我們看到古代西亞文明國家和埃及都把一年中季節的更迭、特別是植物的生長與衰謝，描繪成神的生命中的事件，並且以哀悼與歡慶的戲劇性的儀式交替的紀念神的悲痛的死亡和歡樂的復活。」[1] 這種戲劇性的儀式就是類似於巫術的行為，也是古老的宗教儀式。隨着時間的推移，這種古老儀式的對象逐漸由對植物生長凋謝轉移到與人類息息相關的生死問題。

中國原始宗教產生於夏商周之前，山頂洞人為逝者周圍撒落的紅色粉末，一直被認為是最原始的宗教儀式。「夏商周時期，對天神上帝的信仰和祭祀，已達到癡狂的地步，出土的殷墟卜辭，反映了天神祭祀的頻繁舉行。以對天神上帝的信仰和祭祀為核心，夏、商、周統治者已將原始宗教改造為國家的宗法宗教，天神上帝作為其王權的象徵，成為統治階級維護社會秩序的工具。」[2] 從春秋至先秦，隨着統治階級日益成熟的政治手段，象徵政權的國家祭祀儀式也是不斷進化，天、地、人的宇宙觀也逐漸建立起來。與此同時，原始宗教開始兩極分化，一支為統治階級服務，成為國家祭祀的官吏；另一支則紮根於民間土壤，流為民間巫術。而道教的齋醮科儀無一例外都是以中國原始宗教的祭祀儀式為基礎發展演變而來的。

齋醮科儀中，「齋，以潔淨、禁戒為主；醮，以祭神為意；齋法中臨近尾聲，需設醮散壇；醮法之先，亦必齋戒。」[3] 科，原意為度量，後引申為品類、等級、法令和條例等。「南

1　〔英〕詹姆斯．喬治．弗雷澤：《金枝 —— 巫術與宗教之研究》，徐育新等譯，大衆文藝出版社，2009 年，第 387 頁。

2　張澤洪：《道教齋醮符咒儀式》，巴蜀書社，1999 年，第 2 頁。

3　胡孚琛主編：《中華道教大辭典》，中國社會科學出版社，1995 年，第 506 頁。

北朝時期，道教常以「科」和「戒」、「禁」等連用，表示對道士行為的規定。」[1]

道教的齋醮科儀可以理解為一種帶有權威性，具有不同的作用和等級劃分的宗教祭祀儀式。其權威性説明只有道教的宗教儀式才能夠做到與神靈之間的唯一溝通，才能得到神靈的庇祐和恩賜，目的就是為了區別於一般的民間信仰和其他主流宗教。儀式的不同作用表現為科儀功能的多樣性，比若説祝壽科儀、超度科儀、三元科儀等。等級的劃分表明了科儀的等級性，普通民眾、士大夫階層和統治階級都有各自的儀式，不能混淆使用。儀式分為兩個部分，第一部分體現出對祭祀神靈敬意。這種敬意是通過潔淨自身來表現的，它有兩個方面的體現：（1）身體潔淨，包括體內體外。體外就是沐浴更衣，體內就是不沾葷酒。（2）心靈潔淨，平時要修煉心性，不生淫邪之念，達到天人合一。儀式前要誦經清靜身心。第二部分就是表達對神靈賜福的謝意。它也是通過兩個方面來表達的：（1）供奉神靈的像和向神靈奉獻祭品。（2）誦唸經文表達對神靈的美好祝願和讚美。這樣可以使神靈愉悦，多降福澤；還能夠使神靈增加法力，幫助人們解決更多的困難。

早期的道教在東漢順帝時期（126 年—144 年）形成，於西蜀之地由張陵創立，由於入教需交納五斗信米，所以稱

---

1 胡孚琛主編：《中華道教大辭典》，中國社會科學出版社，1995 年，第 507 頁。

為「五斗米道」，也稱為天師道。米在當時只有官府才有權利徵收，天師道最初不僅把米作為入會的資格，而且還把其組織機構的二十四治均設在了較為偏遠的山區和擁有肥沃土地的平原交界地帶，這樣的設置既靠近平原地區物產豐富的良田，保證信米的繳納，又臨近山區便於隱匿，能夠避免官府的追查，所以官府稱其為「米賊」。由此可以看出，天師道是根植於民間的，其齋醮儀式具有很濃郁的巴蜀之地的巫俗色彩，但是為了長遠發展，其教團組織也積極與統治階級的管理制度和祭祀儀式相結合。陸修靜在《陸先生道門科略》中這樣形容五斗米道的組織、道會和儀式：「天師立治置職，猶陽官郡縣城府治理民物，奉道者皆編戶着籍，各有所屬，令以正月七日、七月七日、十月五日一年三會，民各投集本治，師當改治錄籍，落死上升，隱實口數，正定名簿，三宣五令，令民知法。其日，天官地神，咸會師治，對校文書，師民皆當清靜肅然，不得飲酒食肉，喧嘩言笑。會竟，民還家，當以聞科禁威儀教敕大小，務共奉行。」[1] 其中「猶陽官郡縣城府治理民物」是天師道效仿統治階級的組織機構和管理制度治理教務的表現，其行為包括將道民編入道籍，統一徵收信米。其中：「其日，天官地神，咸會師治，對校文書，師民皆當清靜肅然，不得飲酒食肉，喧嘩言笑。會竟，民還家，當以聞科禁威儀教敕大小，務共奉行。」這段文字所描述的就是五斗米道一年三會時的場景。這是師民共同舉行的

1　《道藏》第 24 冊，第 780 頁。

儀式，也是齋會的前身。如果通過與現代道教齋醮科儀中的一些環節對比並詳加分析，我們不難發現其中有很多相似的方面（見表格 4），一部分是後世科儀發展的初端和雛形，一部分一直流傳至今，雖然歷經千年，卻還在殿堂之中為現代道士所傳誦。教民回到家中，一方面會根據自己受敕的科禁威儀進行日常的修煉，期望在下次厨會的時候能夠得到晉級。同時在遇到問題，尤其是常見的身體問題的時候，就會進行「靜室守過」：「加施靜室，使病人處其中思過。又使人為奸令祭酒，主以《老子五千文》，使督習，號奸令。為鬼吏，主為病者請禱。［請禱］之法：書病人姓字，説服罪之意。作三通，其一上之天，着山上，其一埋之地，其一沉之水，謂之三官手書。」[1] 由張角三兄弟於東漢靈帝時期創建的太平道（168 年—178 年）也有類似的儀式：「太平道師持九節杖，為符祝，叫病人叩頭思過，因以符水飲之。」[2] 這就是道教初期的齋儀，既有民俗巫術的成分，又為將來統治階級的祭祀活動提供了藍本。這裏需要強調的是，太平道強烈反對統治階級，採取武裝起義等極端手段，最終為統治階級所剿滅。統治階級對效仿自己去徵收信米的天師道心存不滿，但是由於地處邊陲，鞭長莫及，而且其實際上間接地起到了穩定民心，使得地區政局更加穩固的作用，也就沒有像對待

1　盧國龍、汪桂平：《道教科儀研究》，方志出版社，1999 年，第 37 頁。

2　〔宋〕范曄：《後漢書》卷七十五，中華書局，1965 年，第 2436 頁。

太平道那樣去剿滅它們。但是，天師道有一些道民也受到了太平道的影響，揭竿而起，因而也受到了鎮壓，直到第三代天師張魯在蜀地創建政教合一的政權，才維持了將近三十年。建安二十年（215 年），張魯降曹，曹操由於目睹了了太平道的起義，深知教團的影響力，所以在張魯投降之後為了加強對天師道的管理，便將張魯及其骨幹帶回許都，無意中使天師道向北方傳播。道教的齋醮科儀隨着政權的轉變、地域的變遷、文化的整合、教派的融合而產生了適應自身發展的革新運動。

表 4 《陸先生道門科略》節選與現代齋醮科儀對比

原文	相對應於現代的科儀	說明
天官地神，咸會師治	請神科儀	天官、地神在這一天要齊聚與教民所在的師治，替教民解決問題，這種模式引申開來，就是教民若有訴求，就可向天官地神啟奏，這是三官手書的雛形。另文中僅有請神記載，沒有酬神、送神的描繪，是典型的齋，沒有醮的成分，又因為此時的一年三會是在形成三元齋之前，也是發展成三元齋的雛形。
對校文書	上章奏表科儀	師以教民功德、訴求以文書本章送達於天官地神，根據功德過失，得到神諭。
師民皆當清靜肅然，不得飲酒食肉，喧嘩言笑	衍生眾多科儀的重要環節	效仿國家祭祀儀式的莊嚴肅靜。儀式之中，從對校文書到聞科禁、教敕大小，應該有一個時間上的過程，在這個空白的過程之中慢慢的會演變出一些科儀。

續表

原文	相對應於現代的科儀	說明
會竟，民還家，當以聞科禁威儀教敕大小，務共奉行	傳戒授籙科儀	根據教民上章所奏，天官地神檢校功過，使教民在教階上得到升賞和罰降，根據不同位階的教民，會有相應的科禁威儀敕降於他。隨着教民入教時間的增長，功德的累積，貢獻逐步加大，在位階上會有逐步的上升，進而在天官地神那裏會獲得更多的神權和法力。這也是現代社會傳戒授籙的初期表現。
	日常行持功課（如早、晚功課等）	根據自己在拜祠活動之中得到的位階而進行日常的修持儀式，是早晚功課的前身。

從東漢末年（166 年）歷經三國時期、西晉、東晉直到南北朝末年（580 年），在這近四百二十年的時間段內，朝代變更頻繁，戰亂不斷，民不聊生，道教隨着歷史朝代的交替也相應地進行着革新，以保證自身持續發展。道教的齋醮科儀也隨之發生了演變，本文將從三條線索說明這一演變的過程：

一、北天師道齋醮科儀的演變

三國曹操攻陷張魯政權後，張魯降曹。曹操是經歷鎮壓太平道起義及其覆滅的，他深知宗教在民間的影響力和號召力，於是便將張魯帶回中原，官拜鎮南將軍、閬中侯。張魯及其天師道的骨幹力量亦隨之遷入中原。張魯去世後，「北遷的教民和祭酒主者們，在各地自發地開展立治傳教活動，在當時雖對五斗米道的發展起了一定的積極作用，但由於長期的組織混亂和渙散，舊的教規教戒不起作用，這就不可避免地使有些教民和祭酒主者腐化墮落。這種狀況如不加以克服和糾正，就會嚴重危及五斗米道的地位，阻礙它的進一步發展，甚至還會導致它的衰亡。」[1] 在此危難存亡之時，出現了一位改革家——寇謙之。

寇謙之（365 年—448 年），出身門閥士族，少時好道，修煉張魯之術，後隱居嵩山。北魏神瑞二年（415 年），寇在嵩山得太上老君降授《雲中音誦新科之戒》，北魏泰常八年（423 年）得太上老君玄孫李譜文降授《圖錄真經》六十卷。始光元年（424 年），寇謙之下山，在左光祿大夫崔浩的舉薦下，太武帝逐漸接受寇，並於太平真君元年（440 年）封其為國師。

在張魯去世之後至寇謙之改革之前，曹魏時期的《大道家令戒》和《陽平治》中已經提及天師道的種種弊端，當時的天師道教首一心復舊，未像寇謙之一樣大膽實施改革。寇謙之之所以成為天師道的改革家，是因為他有不同於一般天師道道士的社會和文化背景。他諳於儒、釋、道，能夠從不同的角度總結舊天師道弊病之所在。「他將儒、釋的許多東西

1　卿希泰主編：《中國道教史》（修訂本）第 1 卷，四川人民出版社，1996 年，第 244-245 頁。

移植到『新科』、『新法』中，大大改變了天師道的面貌。」[1] 在諸多的改革之中，最為顯著的就是天師道的齋醮科儀。這既是約束道官祭酒的科戒，也是能夠最直接展示給社會各個階層民眾，讓大家直觀的感受到天師道的革新成果，才可以使人們對於天師道的態度得以改觀。

根據對《老君音誦誡經》的分析，寇謙之對天師道齋醮科儀進行了以下幾個方面的改革：第一個方面，廣泛吸取了儒家文化，「老君曰：道官籙生，初受誡律之時，向誡經八拜，正立經前，若師若友，作八胤樂，音誦。」[2]「八胤樂」是一種分節歌形式，是儒家宮廷中的一種樂禮：「即引唱八遍，曲同詞不同，以配合八拜之儀式。」[3] 寇謙之改直誦經文為樂誦，將儒家儀式中的音樂伴奏形式汲取進天師道的儀式之中。「老君曰：請客就會，人習嚴整衣服，如生官天子殿會，恭肅共同，明慎奉行如律令。」[4] 和「老君曰：其受治籙戒之人，弟子朝拜之，喻如禮生官、位吏禮法等同，明慎奉行如律令。」[5] 在以上兩段描述之中，寇謙之藉老君之語明確規定如會和受戒之時的禮法要效仿朝廷、官府的禮儀形式。這樣既可以向統治階級積極靠攏，使統治階級從處處設防、時時留意天師道會出現太平道的作亂行為的態度，轉變到逐漸接

---

1 呂鵬志：《唐前道教儀式史綱》，中華書局，2008 年，第 235 頁。

2 〔北魏〕寇謙之：《老君音誦誡經》，見《道藏》第 18 冊，第 210 頁。

3 盧國龍、汪桂平：《道教科儀研究》，方志出版社，1999 年，第 47 頁。

4 〔北魏〕寇謙之：《老君音誦誡經》，見《道藏》第 18 冊，第 213 頁。

5 〔北魏〕寇謙之：《老君音誦誡經》，見《道藏》第 18 冊，第 213 頁。

受並大力扶持天師道的發展。統治階級可以由此藉助宗教的力量，實現政權的穩固。第二個方面：與佛教的融合。寇謙之《老君音誦誡經》説：

> 老君曰：厨會之上齋七日，中齋三日，下齋先宿一日。齋法素飯菜，一日食米三升，斷房事、五辛、生菜，諸肉禁斷。勤修善行，不出由行不經。喪歲新產欲就會時，向香火八拜。使大德精進之人在坐首，做好飯盤在坐上頭，人別作盤。其參同不奉道者，清會無苦。而世間愚人，真以所奉不同，便作異意不齋，慢道科法，不為主義求思恭肅之故，坐會中瞋恚無常。從今以後諸官以意科處思尋妙旨，苟能同心福願之人，參會無苦。會既還家，為主人燒香，徑宿三過香火，箋言：為甲乙之家所請厨會，解求某事恩福，願得道氣覆護。明慎奉行如律令。[1]

文中「齋法素飯菜」、「斷房事」、「諸肉禁斷」、「大德精進」效仿了佛教的一些戒律和術語。「《老君音誦誡經》規定：『就會時向香火八拜，使大德精進之人在坐首，做好飯盤在坐上頭，人別作盤。』……『大德精進』是直接取自佛教的詞彙。」[2] 這段文字當中出現了一個問題，《老君音誦誡經》原

1　《道藏》第 18 冊，第 210 頁。

2　呂鵬志：《唐前道教儀式史綱》，中華書局，2008 年，第 237 頁。

文應該是：「喪歲新產欲就會時，向香火八拜。使大德精進之人在坐首，做好飯盤在坐上頭，人別作盤。」其中第二句確為引用佛教詞彙，但是前一句並未完整引用經文，而且經文的描述應該是道教先進性的體現。世俗社會一般認為當年家中有親人去世的人身體上會帶有不祥的氣息，剛剛產子的婦人由於身體上血污會被認為是不潔淨的，很多民俗集會就會將他們排除在外，使得這些人沒有祈福的權利。但是，天師道在他們向香火八拜之後就賦予了他們祈求恩惠的權利。這對當時的社會風俗是一個極大的挑戰，也是天師道的創新之處。這一個小小的通融，可以吸取更多的教民加入。在這個創新的基礎上更進一步規定了在厨會中一旦遇見「參同不奉道者」，絕對不能「坐會中瞋恚無常」，而要「同心福願」。這種包容性很好地繼承了中華民族的傳統美德。最後規定厨會之後，回家後還要上章為舉辦厨會的主人焚香祈福的儀式。這個環節尤為重要，厨會後做的這些儀式不可能為齋主所見，完全是道官祭酒自覺的行為，既是職責所在，又是信仰自覺性的體現，而且也可以被看作是酬神醮儀的前身。這種自覺性可以體現出教團整體修養的提高，以上齋醮科儀諸多方面的演變體現出寇謙之改革之後的北方新天師道的先進性和包容性。

二、南方上清派齋醮科儀的演變

東晉興寧二年（364 年），有天師道祭酒魏華存魏夫人的弟子楊羲託稱魏夫人等眾仙真下降，授楊《上清真經》，楊以隸書錄下，後傳許謐、許翽父子，後許翽之子許黃民躲避戰亂，攜經書至浙江剡縣，又經過許多道士傳抄，使得《上清真經》在社會上廣為流傳，逐漸形成上清派。上清派的齋法源於道家的傳統文化，「秦漢時期，假託黃帝、老子名義，繼承早期道家思想並吸收諸子百家學術之長的新道家學派即黃老道的形成。」[1] 上清派的開創人物均為士族出身，有較高的文化修養，和統治階級上層亦有聯繫。但是東晉王朝對江南士族懷有戒心，因而很多士族精英仕途不順，轉而崇道入教。「上清派多注重個人精、氣、神的修持法，不重符籙、齋醮和外丹，貶斥房中術，易為士大夫和統治階級所理解和接受，也是該派能較快發展、壯大的重要原因。」[2] 雖然統治階級對其懷有忌憚之心，但是道士們這種不問世事的清修卻會得到社會各個階層的尊重。雖然上清派不重齋醮，但是道士的士族身份和對個人精神層面的精進修持，對道教整體的素質和修養有了提升，這種文化和精神上的積澱為將來道教的齋醮發展打下了堅實的基礎，也為道教的齋醮科儀進入國家祭祀系統創造了條件。

1　盧國龍、汪桂平：《道教科儀研究》，方志出版社，1999 年，第 49 頁。

2　卿希泰主編：《中國道教》第 1 冊，知識出版社，1994 年，第 104 頁。

三、南方靈寶派齋醮科儀的演變

靈寶派是魏晉時期在南方形成的以傳授靈寶經系為主的一個道教派別，「這一派奉元始天尊、太上大道君和太上老君為最高神，其修持方術除講思神誦經、符咒治病外，特別重視齋醮科教、勸善度人。」[1] 從根源上來講，靈寶派源於天師道，是三國時期天師道由蜀至北方後，又由北方傳至南方的。所以，「相對於隋唐以後的道教齋醮而言，靈寶齋法是源，而相對於五斗米道而言，靈寶齋法又是流。」[2] 靈寶齋法結合了東漢時期蜀地和三國時期的東吳兩地的巫俗信仰，還結合了儒家的官家制度、宮廷禮儀和佛教的教義、戒律，最後結合了道家、黃老學術中的文化精髓，最終在東晉末年，由南朝道教改革家陸修靜（406 年—477 年）結合上清和靈寶兩派的齋醮儀軌，整理出現代齋醮科儀的雛形，即九齋十二法。（見表格 5）

雖然隋王朝（581 年—618 年）在歷史上僅不到四十年，卻是從東漢末年（220 年）至隋朝，歷經三百六十年之後的一個統一的王朝，南北方政治上的分裂使得在政治、經濟、文化方面南、北道教長期獨立，形成了獨有的特色，同時其相互融合的趨勢也愈加強烈。直到統一全國之後，這種融合突

1　盧國龍、汪桂平：《道教科儀研究》，方志出版社，1999 年，第 56 頁。

2　盧國龍、汪桂平：《道教科儀研究》，方志出版社，1999 年，第 56 頁。

表 5　九齋十二法

序號	齋名	法名	解齋	派別	科儀內容
1	洞真上清之齋	法一	絕草離偶。無為為宗。寂胃。虛申。靜氣。遺形忘體無與道合。	上清派	捨朋友之交，無妻奴之黑。孤相獨宴，泊然窮寂，形影相對。無為為業端推好然，無所一為。胎息後視，心所神機。寂胃，胃以受食為有事，既虛息不食，則泊然寂定也。虛申，請齋以耳為期，至申而食。今既不食，徒有此中虛過而已。眠神，神司外，務躁動。今既無事，怡靜內藏，故謂之眠。靜炁，炁者，體之化，神之舜。神動則炁奔。今神遂內，後則炁靜體寧神。遺形忘體，形以有待，故接物體之以有，累不可忘。今內無飢寒之切，外無纏縛之累，洞遂虐漠，故不知四大之所在也。無與道合。道體虛無，我有故隔，今既能忘，所以玄合。
2		法二	孤影夷豁	上清派	皆與上同，但混合形神，諷經有異。
3	洞玄靈寶之齋（某徒眾盛典儀，佇仰有節，進退有度，威威月齋，軌範洋洋，振揚法音，開化訪物，使求楫者聞，來見者見，恢廓弘偉，難可備言。）	金籙齋	調和陰陽，舊度國正。	靈寶派	法於路地，玄壇廣三丈二R，欄纂四而開四為用，合一門。又於壇內立重壇，廣二丈四R，開四角上。下為十門，各有榜題。於壇中央安一長燈，長九尺，上安九燈火。圍壇四面安色燈，合三十六燈，壇外欲燃千百，隨人也。書五方天文，以五案盛之，放五方金龍，五枚，枚重一兩，以鎮天文之上方一香火，文用五色紋繒，隨方匹數，都合三十六之道。士結眾行道。春則九日，夏則三日，秋則七日，冬則五日，四季之月十二日，一日六日。仕謝十方事竟，焚天文，散龍繒，為功德也。

續表

序號	齋名	法名	解齋	派別	科儀內容
4	洞玄靈寶之齋（某徒眾盛典儀，佇仰有節，進退有度，威威月齋，軌範洋洋，振揚法音，開化訪物，使求楫者聞，來見者見，恢廓弘偉，難可備言。）	黃籙齋	拔九祖罪根	靈寶派	法亦立壇，廣狹門戶與金籙同，但圍壇四面，安力燈十門三香火，十方紋繒之信。庶人一百三十六尺，諸侯丈數，天子匹數，金龍十枚，枚重一兩，金有上中下，為貴賤之差。行道禮謝二十方，日數如金籙。隨四時之制，事竟投龍於水，又埋於山，餘紋繒散為功德也。
5		明真齋	學士自拔億曾萬祖九幽之魂	五斗米道	法亦於露地，然一長燈上有九大，如金籙燈法。但不立壇門戶之式耳。繞香燈，行道一日一夜六時，禮謝十方。
6		三元齋	學士一年三過自謝涉學犯戒之罪	五斗米道	以正月、七月、十月，皆用月半日一日三時沐浴，三時行道，於齋堂中，禮謝二十一方也。
7		八節齋	學士一年八過謝七玄及己身宿世今生之罪		法以八節日，於齋堂內，六時行道，禮謝十方也。
8		自然齋	內以修身，外以救物，消災祈福，適意所宜。		法亦結徒眾，亦可一身，禮謝十方，亦一日、三日，亦百日、千日，亦可三時，亦可六時。

續表

序號	齋名	法名	解齋	派別	科儀內容
9	洞玄靈寶之齋（某徒眾盛典儀，佇仰有節，進退有度，威威月齋，軌範洋洋，振揚法音，開化訪物，使求楫者聞，來見者見，恢廓弘偉，難可備言。）	洞神三皇齋	以精簡為上，單己為偶，絕塵期靈沐浴玄雲之水，燒皇上之香，燃玄液之燭，服上元香丸。	三皇派	合眾名香，各有分數，蒸煉為香珠，青絲穿連，暴令乾，又以眾香前油為香，又作香湯沐浴，又和作香丸服之，皆以相開次，侍燈待香盡，晝夜不輟，或百日四十日，注心密念，燭燈行香咒：願清真妙辭，凡三十二言，欲召神祇，盡皇文召之，所召所問，求仙求生，在意所欲。
#		太一齋	恭肅為首	太平道	皆契同潔已勵志施為，為法不雜，異學跪拜揖讓同法磬折盡節也。
#		指教齋	清素為貴	五斗米道	祭酒籙生共應用，隨巨細無苦時，遭饑時唯菜蔬，向王之菜則不得啖，中食之後，水不過齒，思經念道，不替須更。
#	三元塗炭齋		以苦節為功，上解億曾道祖無數劫來宗親門族及己身，家門無秧，數罪拯，拔憂苦，濟人危厄，其功至重，不可稱量。		法於露也，立壇安欄格，齋人皆結同氣，賢者悉以黃土泥額，被髮繫着，欄格反手自縛，口中銜璧，覆卧於地，開兩腳相去三尺，叩頭懺謝，晝三時向西，夜三時向北，齋有上中下，三元相連，一元十二日，合三十六日，下元限竟進中元十二日內加三過方謝，中元竟進上元十二日內加五過方謝。於謝者向上下中，中四面四角中一方謝增為苦劇，所以名三元者，元則數之始也，一年有十二月，三百六十日，十日為一旬，月有三旬，旬有上中下，十二月合三十六旬，斯則十分之一，分為三元，一元十二日，是十二時，一周也。

然加速，其結果就是發生強烈的碰撞，道教的齋醮科儀表現得尤為明顯。

北方道教注重齋法，南方道教注重醮祭，隋朝統一之後，南北道教交流之中也開始了道教齋醮科儀的整合，從文化蘊含的角度來説，齋法潔淨身心，誦經文，傳科戒。醮祭在齋後設供品，禮敬諸神，遍謝神恩。《陸先生道門科略》談到天師道的科儀中「天官地神，咸會師治」（見表格 4）。這一步驟為請神下降的環節，但是在其尾聲僅有對道官祭酒會後回家依科戒奉行的描述，從中國傳統禮儀情理來講，諸神下降凡間降福於信眾之後，信眾也理應有一個酬神謝恩的環節，整個科儀才顯得圓滿而合乎常理。

對於唐前道教齋醮科儀的演變，可以參考表格 6，從中可以看出，學術界對此過程的研究已經頗為深入，道教在這個過程中不僅僅是融合儒家、佛教思想、禮儀，相應的也針對民間形成慣例的部分加以改進，以展示其包容性和先進性，促使道教能夠保持良好的發展態勢。

表 6 唐前道教齋醮科儀沿革

年代	朝代	帝王	教派	領袖人物	地點	組織機構	經典	教理教義	齋醮科儀演變	齋醮科儀內容	備註
126—144	東漢	順帝劉寶	五斗米道	張陵	西蜀鶴鳴山（成都市大邑縣境）	設二十四治，入道需交納信米五斗	老子五千言（《道德經》）	守誡不違，即為守一	巴夷巫術色彩濃厚	靜室守過，三官手書，三元齋	
168—178	東漢建寧、熹平	靈帝劉宏	太平道	張角三兄弟	鉅鹿（河北寧晉）	以方為單位組織教徒	《太平經》	奉天地，順陰陽五行	跪拜首過，符水治病	師持九節杖為符祝，教人叩頭思過	
220—420	流行於魏晉	╲	帛家道	帛和	中原地區、江浙地區	教團組織規模不大，有江浙士族信仰	《太清中經神丹方》《三皇天文大字》《五嶽真形圖》	奉祀俗神，煞生血食，煉丹服氣、召劾厭勝	俗禱	血食祭祀	

續表

年代	朝代	帝王	教派	領袖人物	地點	組織機構	經典	教理教義	齋醮科儀演變	齋醮科儀內容	備註
215	東漢建安二十年	獻帝劉協	五斗米道	張魯	從蜀地遷至中原	張魯去世後組織機構渙散，但是教團傳至南北方	老子五千言（《道德經》）	各自為政，人人稱教	增飾了漢民族傳統禮儀文化	科儀停滯	
423	北魏泰常八年	明元帝拓跋嗣	新天師道	寇謙之	平城（山西大同）	改革祭酒父死子繼，廢除租米錢稅、男女和合	《雲中音誦新科之誡》《錄圖真經》	加強組織紀律，融入儒家文化	豐富、完善、規範齋法，加入儒家禮儀，樂誦章誡	規範儀軌，奉守道誡，齋功禮拜，效法官儀，樂章誦誡	北派天師道
364	東晉興寧二年	哀帝司馬丕	上清派	魏夫人、楊儀	浙江剡縣	尊元始天尊，多為文化較高的江南士族，朝廷素有戒心	《上清大洞真經》《黃庭經》	注重個人精氣神修煉	道家文化、老莊文化變更民間齋醮祠神	初期不重齋醮、符籙、外丹。崇尚先秦道家文化	南派上清派
397—401	東晉隆安末	安帝司馬德宗	靈寶派	葛巢甫	南方	尊元始天尊，支流分散，孳孕非一	《靈寶經》《度人經》《太極敷齋戒威儀經》	長生成仙，勸善度人，積功累德，位登天真	陸修靜整頓前	靜齋拔罪，燒香懺謝，思真念道	南派靈寶派

續表

年代	朝代	帝王	教派	領袖人物	地點	組織機構	經典	教理教義	齋醮科儀演變	齋醮科儀內容	備註
420—479	南朝宋	八任	上清派	陸修靜	建康（江蘇南京）	民間道教向士族道教轉化	《上清大洞真經》《洞玄靈寶五感文》	蘊含道家文化內涵	用道家文化變革民間祠神，使得齋醮科儀得到文化和精神上的昇華，由單純敬神變為有文化涵蘊	將精神修持融貫於齋醮科儀	由於政治上南北方長期分裂，道教南北之間溝通很少，包括經典、科儀。
			靈寶派			使道教在宗教形式或外部特徵上形成一個共同體，整合了道教。	《三洞經書目錄》《道門科略》	系統化規範形式，使道教理論在思想上昇華	1、五斗米道與江南鬼神信仰以及門閥士族中帛家道的影響。2、佛教影響。3、老莊玄學的道家文化影響	1、建立以靈寶齋為核心的九齋十二法齋醮科儀體系。2、奠定了齋醮程式	
581—689	隋朝	四任	＼	＼	＼	隨着南北政權的統一，南北道教也逐漸加快了交流和融合。其中茅山派和樓觀道代表了南北教派			南方醮祭的接受程度逐漸超過齋祭		

第二節　羅天大醮的興起及其特質

隨着隋代的南北統一，道教南北兩派開始融合，到了唐代道教的齋醮科儀有兩個顯著的特點：一方面隋朝雖然統一了中國，但是執政時間較短，南北融合的過程不徹底，各個流派之間還有激烈的碰撞；另一方面唐王朝雖然奪取了政權，但是畢竟是隋朝舊臣奪權，名不正言不順，李家即使執掌天下，擔心政權的穩定性和合理性。道教是神仙信仰，恰祖師老子於唐代帝王都為李氏，故從古君權神授之典。在唐高祖武德三年（620 年）就發生了這樣一件事情：

> 武德三年五月，晉州人吉善，行於羊角山，見一老叟乘白馬朱鬃，儀容甚偉，曰：謂吾語唐天子，吾汝祖也。今年平賊後，子孫享國千歲。高祖異之，使立廟於其地。[1]

武德三年，唐朝剛剛建立，政權未穩，吉善遇見了老子或是其化身太上老君，說話裏有兩層寓意：一是唐天子乃是道祖後裔，就是神仙臨世，應掌管天下；二是認定前朝為賊，應被唐取而代之。這樣道教就與統治階級形成了親緣關係，從而使雙方都獲得了正當性。實際上道教與唐王朝的關係極

1 〔宋〕王溥：《唐會要》卷五十，中華書局。1955 年，第 865 頁。

為複雜，毋庸置疑，道教在唐代的地位非常重要，但是道教的發展始終能夠感受到來自各個方面的壓力，也正是因為如此，道教教團才能夠始終以一種極為縝密的思路和佈局來獲取自己的生存空間。這就給羅天大醮的興起創造了極為有利的條件。

為了全面而準確的揭示羅天大醮興起的原因，我們首先要確定第一次羅天大醮的舉辦時間。只有這樣，才能夠還原那個時期的歷史環境來確定羅天大醮的形成原因。經過對道教和歷史文獻的梳理，需要考證兩個羅天大醮個案，然後確定其一。

第一個個案：

> 國家保安宗社，金籙籍文，設羅天之醮，投金龍玉簡於天下名山洞府。謹按道藏龜山白玉上經具列所在去處，十大洞天內一王屋山，清虛小有之洞。周回萬里，在洛京西北王屋縣，仙人王真人治之。……（省略部分主要描繪王屋山神仙傳說和洞天名稱的由來）唐睿宗皇帝時，玉真公主於金仙觀修道，今即靈都觀是也。帝幸真元、金仙二觀，與西京相對，出玄武門，渡大河至東章村，為之曰東章驛。敕東濟源縣南、河清縣西邵源縣北陽城縣四縣界分巡護金仙、真元二觀。[1]

1　〔清〕董浩等編：《全唐文》卷九三二，中華書局，1983 年，第 9703-9704 頁。〔唐〕杜光庭：《天壇王屋山聖迹記》，見《道藏》第 19 冊，第 700-701 頁。

第二個個案：

> 二年十一月，殿中監成國公李輔國，奏大明宮三殿前設河圖羅天大醮，其夜及晨有龍見於御座，褥宛轉鱗甲腳跡遍於褥上，以其褥示朝臣。[1]

上面是兩則羅天大醮的記載，後者記錄非常清楚，唐肅宗乾元二年（759 年）宮廷之中啟建河圖羅天大醮。羅天大醮之前的河圖二字會在下文詳細探討。接下來需要考證的是前者由唐末道士杜光庭撰寫的《天壇王屋山聖跡序》中提及的「羅天之醮」。

杜光庭（850 年—933 年）「字賓聖，號東瀛子，處州縉雲人」[2]，少年好學，博覽羣書，在唐懿宗（860 年—873 年在位）時期應試不中，於是入道，為司馬承禎五傳弟子。「對道教的教理教義、神話傳說、齋醮科儀等，進行了系統的整理和闡發，對道教的建設有過多方面的貢獻。」[3] 從年代來說，杜光庭要在肅宗之後，但是通觀《天壇王屋山聖跡序》這篇文章，可能啟建「羅天之醮」就是在文章當中提到的唐睿宗（684 年—712 年）之女玉真公主（692 年—762 年）於天寶二

1 〔宋〕王欽若：《冊府元龜》卷五四，中華書局，1960 年 1 版，2012 年 7 印，第 605 頁。

2 卿希泰主編：《中國道教》，知識出版社，1994 年，第 286 頁。

3 卿希泰主編：《中國道教》，知識出版社，1994 年，第 287 頁。

年（743 年）在王屋山入道受籙的事件當中。如果假設是在此期間，這次羅天大醮要比肅宗的提前十六年。但是杜光庭撰寫《天壇王屋山聖跡序》的年代（大概於 880 年—890 年）要比玉真公主在王屋山受籙晚一百五十年左右。這麼久遠的年代會不會記錄有誤？既然這篇文章沒有給出明確的答案，我們就通過同時代的歷史文獻進行更加深入的考證。

唐睿宗皇帝有十一個女兒，玉真公主是其中之一：

> 玉真公主字持盈，始封崇昌縣主。俄進號上清玄都大洞三景師。天寶三載上言曰：先帝許妾捨家，今仍叨主第，食租賦，誠愿去公主號，罷邑司，歸之王府。玄宗不許。又言：妾，高宗之孫，睿宗之女，陛下之女弟，於天下不為賤，何必名係主號，資湯沐，然後為貴？請入數百家之產，延十年之命。帝知至意，乃許之。薨寶應時。[1]

玉真公主入道後被授為上清玄都大洞三景師，但是在受籙的第二年為何要屢次上書給玄宗要求消除封號和領地呢？還竟然會有「請入數百家之產，延十年之命。」這樣的極端言論呢？

《道家金石略》中有一篇碑文：

1　〔宋〕歐陽修、宋祁：《新唐書》卷八十三，中華書局，1975 年，第 3657 頁。

《玉真公主朝謁譙郡真源宮受道王屋山仙人台靈壇祥應記》

皇上隆宥天下之卅載也，物歸混茫，人復大樸。故我玄元皇帝，服龍駕雲，表玉容，臨天門，示真冊，錫以寶符靈命，國祚嘉祥，所謂純嘏丕□而昭融左契矣。明年春三月既望，乃詔上清玄都大洞法師玉真長公主有事於譙郡御真宮，洎名山列嶽，靡不展□，將以伸誠敬□□□□□也。公主承天恭受命醱邁適漭□□沆瀣，亦所以履虛極而昭炯戒也。於是浮函關之紫氣，乘帝鄉之白雲，登華歷陝，涉雎及□，驅馳百靈，倏忽千里，夏四月屆於宮焉。懇宣睿誠，□若□奠，諮聖敬之□德，讚皇心之在人。精意克彰，休應如響，先天後廟，有木文隱成太字，垂八角之葩，玄元壽宮，有飛龍躍於重泉，□九井之瑞。既而投金簡□□圖則天地合莫，貞明連曜，或潛虬吐液以澄映，仙鶴縈空而鳴舞，紫霞凝壇，彩雲拂樹，允所謂降福穰穰，惟休之無疆，若是其至矣者哉。回□言旋，息駕太室，捫日闕，步玄門，挹上清羽人焦真靜於中峰絕頂。訪以空同吹萬之始，丹田守一之妙。不逾月，又將朝於王屋之天壇及仙人台，而北嶽洞靈官胡先生賁然來會。先生支離其德，骨介其容，方瞳徹照，嶽犀橫偃，思探神寶，聲動天庭。廿五人獨守真於恆代，卅六洞遠陟降於清虛。公主因齋心順風，膝行避席，請受八洞紫文靈書。先生並虛己忘心，真契冥合，遂以是月下宿甲午子夜，象設壇宇，星陳香燈，以金寶盟天，霜羅薦地。時也煙空夕霽，冏若朝徹，森然有如靈官□儀，法位周列，簫管請籟，□□□發倦咸希微彷彿觀□□風灑萬木，颸然餘音，而壇無搖旌，燈不振焰。公主於是官三級，府百神，左右不戒而嚴肅如也。洎乙未丁酉，異夕同符，皆有甘露夜零，珠明玉潤，華滿庭樹，香襲人衣。先□台下有泉名□鐘泓，淵淪□□殆不可測，每有至人精思遐感，則霜韻潛鳴。乃五月辛丑之夕，公主露真文，敷玉□，鐘聲乃殷發深底，遠和雲韻，自瞑達曙，舂容不絕。壬寅，佩五老真印，杖八威神策，端五度靈飛六甲，傳豁落七元，或日月交輝，或云霞動色，晃朗天宇，揚光仙山。至若始陰玉符，祖劫雲篆，鬱儀結鄰之錄，□晨宴景之道，則有上公□保三元□司皆降飛雲綠輧，虎輦金蓋，然□□授口訣，冥感□傳，故署仙格曰玉真萬華真人，皆真命自天，理絕同□。甲辰言功受祑，清晨解散，復有祥飆蓬蓬然中壇而起，若神宮羽駕，歸飛於太空，時聞步虛□□□□徐轉，公主乃鳴天鼓，貫斗精，延立久之，返乎居室矣。……公主法號無上，真字玄玄，睿宗大聖真皇帝之愛女，今上之季妹。清骨凝照，瓊胎洞虛，□葆□玄門而禎符不一。年甫二八，當景雲之初始，受道於括蒼羅浮真人越國葉公，其時老君為親降法壇，紆駕三刻，言以口授，義以神融，故其玄章隱訣，代莫得聞也。……公主以天寶之前歲，孟夏月，佩參靈之印，混疑始之心，臨目存真，斯焉攸處。……公主優

> 遊爰處將廿年，頃已四升仙階，及茲凡五受真錄，宜其指六合□□，棄寰中如脫屣，而不之輕舉，玄默天朝，蓋永願祝堯，不能忘魏。……[1]

這篇碑文詳細描寫了玉真公主在王屋山遇師、修道、授籙、以道法造福百姓的場景。文中對於玉真公主授籙的壇場有「象設壇宇，星陳香燈，以金寶盟天，霜羅薦地」，「靈官□儀，法位周列」這樣的描繪，其中「金寶盟天」可能指的是金籙寶齋，玉真公主授籙壇場設齋是符合制儀的，「法位周列」在科儀之中設置了法位，但是沒有「周列」的具體描述，無法判斷醮儀的等級。雖然有「既而投金簡□□圖則天地合莫」投龍簡儀式的描寫，但是沒有罷散設醮的記錄。所以根據這篇碑文無法判斷羅天大醮的舉行。

實際上和玉真公主同時修道的還有一位金仙公主（689年—732年），王屋山上金仙、真元二觀就是由兩位公主而得名的，但是為何《祥應記》中沒有提到金仙公主呢？

金仙公主也是睿宗皇帝的女兒：

> 金仙公主，始封西城縣主，景雲初進封。太極元年，與玉真公主皆為道士，築觀京師，以方士史崇玄為師。崇玄本寒人，事太平公主，得出入禁中，拜鴻臚卿，聲勢光重。觀始興，詔崇玄護作，日萬人。羣浮屠

1 陳垣編纂：《道家金石略》，文物出版社，1988年，第139頁。

> 疾之，以錢數十萬賂狂人段謙冒入承天門，升太極殿，自稱天子。有司執之，辭曰：崇玄使我來。詔流嶺南，且敕浮屠、方士無兩競。太平敗，崇玄伏誅。[1]

金仙公主同為道士，但是在道教金石中卻沒有被提及，很顯然她捲入了一場宮廷政變和一場宗教鬥爭，太平公主的謀反失利和對道士史崇玄的打擊，使得金仙公主只有出家躲避。玉真公主雖然沒有同史崇玄有何聯繫，但是道士捲入了宮廷權利的爭鬥。皇帝必然會對史崇玄周圍的人有所忌憚，玉真公主上言祈求消除封號和封地的行為就成為合理，那麼皇帝對於玉真公主的授籙儀式也不會特別關心，除了投龍擲簡這些最基本的儀式，大型的醮儀也沒有記錄或是沒有舉辦，所以羅天大醮不會在這個時候舉行。可以初步斷定唐肅宗的河圖羅天大醮為首次舉行。

羅天大醮最突出的特質就是強大的功能性。醮儀之中召請的是大羅天下九方諸天的所有神仙，數量定為一千二百分位。啟建醮儀的時候會專門設立壇場來供奉這些神靈，開壇請神後，這些神仙就會下降並附在與自己名字相對應的神位上接受人們獻上的供奉，滿足人們的願望。《道門定制》卷三排列出黃籙羅天一千二百分聖位，分為一百狀，大致分為三類：一類是地域性的神祇，從第一狀至第首先可以這些神祇

1　〔宋〕歐陽修、宋祁：《新唐書》卷八十三，中華書局，1975 年，第 3656-3657 頁。

的名字判斷出來，如《道門定制》卷三仙官列表中第六十六狀說「二十四化仙官門下：陽平化仙官，鹿堂化仙官……北邙化仙官。」[1] 這是天師道二十四治地點神祇的名諱，還代表天下名山大川、州府縣鎮。但是這個地域性突破了我們以往的山地、平原、江河的小空間概念，而是一個大空間的概念，包含了大羅天下的欲界六天、色界十八天、無色界四天（以上簡稱三界二十八天）、四種梵天、三清天等三十五重天，這些神祇擁有綜合法力，主要是保護神祇名字中包含地域的平安；另一類就是功能性的神祇，也是可以從它們的名諱之中判斷出來，如《道門定制》卷三仙官列表中第九十四狀：「播種五穀神，樹木花果神」[2] 這些神祇擁有某一方面的法力，可以滿足人們生活中某一方面的需求；還有一類就是上述兩類兼而有之，如《道門定制》卷三仙官列表中第九十六狀：「冀州社令神，荊州社令神」[3]。以上三類神祇，其中第一類佔了 90% 以上，之所以這樣是與羅天二字有很大的關係。羅天大醮的神祇性質決定了其強大的功能性，這也非常符合其皇家祭祀儀式的高貴身份，是道教為唐王朝量身定做的齋醮科儀。

---

1 《道藏》第 31 冊，第 688 頁。

2 《道藏》第 31 冊，第 690 頁。

3 《道藏》第 31 冊，第 690 頁。

第三節　羅天大醮出現的原因

一、教內原因

根據《道家金石略》中唐代道教齋醮儀式的碑刻記載（見表格 7），從唐高宗（678 年）至唐玄宗（744 年）道教所做的 21 次投龍設齋醮的儀式，可以看出，道教祭祀的國家屬性逐步確立並得到加強，其中在 678 年、698 年、709 年一共舉辦了四次河圖大醮，可以看做是河圖羅天大醮的前身，雖然沒有大醮的具體記載，但就字面上的「大」字就可以確定從規模上肯定比以往修齋設醮的規模要大，酬神的重要性越來越受到重視。可以看出教團對於齋醮科儀的內容和規模是不斷變化的。

二、社會原因

（一）其他主流宗教的影響

在這個環節，我們主要論述唐代的主流宗教道教、佛教的發展情況，從宗教間發展的趨勢和相互影響，來找尋羅天大醮的成因。在本章節還有一條主線貫穿其中，就是近代社會流行的普遍説法，即唐代的國教是道教，這種流行的説法瀰漫於整個網絡世界，如陝西終南山文化研究院的博客的《初盛唐的崇道狂迷——談終南山道教與文人活動》文中

表 7　唐初至第一次羅天大醮齋醮統計

序號	年代	帝號	帝王	金石名稱	啟建時間			地點	宮觀	齋醮名稱	內容	官員	道士
					年號	年	月						
1	678	高宗	李治	岱嶽觀碑二	儀鳳	3	3	泰山	╲	修齋設河圖大醮	儀鳳三年三月三日，大洞三景法師葉法善等奉敕於此敬口修齋設河圖大醮一口，敕敬造壁畫元始天尊，萬福天尊兩鋪，功德既畢，勒石紀年。	╲	葉法善
2	691	大周		岱嶽碑三		2	2	泰山	╲	章醮投龍	大周天授二年，歲次辛卯，二月癸卯朔，十日壬子，金台觀主中嶽先生馬元貞將弟子楊景初、郭希玄，內品官楊君尚，歐陽智琮奉聖武皇帝敕，緣大周革命，令元貞往五嶽四瀆投龍，作功德。元貞於此東嶽行道，章醮投龍，作功德一十二日夜。又奉敕敬造石元始天尊像一輔，並二真人夾侍，永此岱嶽觀中供養。	內品官楊君尚，歐陽智琮	金台觀主中嶽先生馬元貞將弟子楊景初、郭希玄
3	691			金台觀主馬元貞投龍記	天授	2	4	唐縣	金台觀	章醮投龍	天授二年，歲次辛卯，四月壬寅朔，一月壬寅，金台觀主馬元貞奉敕，大周革命為聖神皇帝五嶽四瀆投龍，作功德於此淮瀆，為國章醮。	五品官楊君尚歐陽智琮同見官人	金台觀主馬元貞

續表

序號	年代	帝號	帝王	金石名稱	啟建時間			地點	宮觀	齋醮名稱	內容	官員	道士
					年號	年	月						
4	692			馬元貞投龍記		3	2	濟源奉仙觀老君石像碑側	＼	章醮投龍	天授三年歲在壬辰，正月戊辰朔，廿四日辛卯，大周聖神皇帝緣大周革命，奉敕遣金台觀主馬元貞往五嶽四瀆投龍功德。十六日至奉仙觀，沐浴□齋，行道懺悔。二十一日於濟瀆廟中行道上神衣，辰時在路，日抱戴廟中，行道日又重輝，宣讀御詞，雲垂五色，□□□至廿四日，章醮訖投龍，日開五色，又更重輝。官僚（缺）同見。	朝散大夫行濟源縣承薛同士同見官人宣義郎行主簿王智純同見官人承奉郎行尉薛元杲同見官人登仕郎行濟瀆令孟意誕同見人上騎都尉（缺）同見人□□尉行（缺）	金台觀主馬元貞弟子楊景□
5	692			馬元貞造元始天尊象記	如意	1	7	濟瀆廟	濟瀆	投龍醮	維大周天授三年，歲次壬辰，聖武皇帝之革命三載也。德澤□歲，光靈灼鑠，神祇物品，咸與惟新，乃敕道士馬玄真肅將明命，欽若大道，投龍醮於濟瀆。醮訖，仍以□彩造石元始天尊並夾侍二仙。元貞以正月戊辰朔廿一日戊子陳法座，宣御詞，俄有仙鶴回翔，慶雲縈拂。於是濟源縣丞薛同志等道俗數百人，咸睹靈應，以為非常之□。洎醮訖，遂尊睿旨，式範尊容，琢雕為樸，於茲克訖。仍□位於奉仙之觀，廢以妙功，永資昌歷，天長地久，服永無斁。	使□畢中孚，副主簿王智□	道士馬玄真

續表

序號	年代	帝號	帝王	金石名稱	啟建時間			地點	宮觀	齋醮名稱	內容	官員	道士
					年號	年	月						
6	698		武則天	岱嶽觀碑一		1		泰安泰山老君	╲	金籙寶齋，河圖大醮	設金籙寶齋，河圖大醮七日。	╲	╲
7	698			岱嶽觀碑五	聖曆	1	12	泰山	弘道觀	金籙寶齋河圖大醮	大周聖曆元年，歲次戊戌，臘月癸巳朔，貳日甲午，大弘道觀主桓道彥，弟子晁自揣，奉敕於此東嶽設金籙寶齋河圖大醮，漆日行道，兩度投龍，遂感慶雲三見，用齋醮物奉為天冊金輪聖神皇帝敬造等身老君像一軀，並貳真人夾侍。	兗州團練使都虞侯銀青光祿大夫試衛尉卿上柱國高晁，兗州團練使押牙忠武將軍守左武衛大將軍上柱國趙俊，專當官博城縣尉李嘉應	大弘道觀主桓道彥，弟子晁自揣
8	701			岱嶽觀碑六	久視	2	1	泰山	神都青雲觀	齋醮	久視二年，太歲辛丑，正月乙亥朔二日丙子，神都青雲觀主麻慈力親承聖旨，內賫龍璧、御詞、繒帛及香等物詣此觀中，齋醮功畢。伏願吾皇萬福，寶業恆隆，敬勒昌齡，冀同礪而不朽。	侍者道士麻宏信，祗承官朝散郎行兗州都督府參軍事攝功曹房希望，祗承官登仕郎行兗州都督府錄事劉□□	神都青雲觀主麻慈力

續表

序號	年代	帝號	帝王	金石名稱	啟建時間			地點	宮觀	齋醮名稱	內容	官員	道士
					年號	年	月						
9	701			岱嶽觀碑七		1	12	泰山	金台觀	金籙寶齋	長安元年，歲次辛丑，十二月乙亥朔，廿三日辛酉，道士金台觀主趙敬同侍者道士劉守貞、王懷亮等，奉十一月七日敕，於此太山岱嶽觀靈壇修金錄寶齋三日三夜，又口觀側靈場之所設五嶽十百廿槃醮禮，金龍玉璧並投山訖，又口鎮彩紗繒敬造東方玉寶皇上天尊一輔，並二真人仙童玉女夾侍，□□□□供養。其日祥風暫息，瑞雪便傅，香燭氤氳，日月明朗，神靈降祉，吉祥事畢，故刻石記時，勒名題日。	專當官宣義郎行博城縣丞公孫杲，專當齋並檢校像官博城縣主簿登仕郎董仁智，都檢校官承議郎兖州大都督府戶曹參軍王果	金台觀主趙敬同侍者道士劉守貞、王懷亮
10	704			岱嶽觀碑九	長安	4	11	泰山	岱嶽觀	金籙大齋	大周長安四年，歲次甲辰，十一月癸未朔，十五日丁酉，大□□觀威儀師邢虛應、法師阮孝波、承議郎宮闈丞劉德慈、郤□□等，奉敕於東岳岱岳觀中建金籙大齋卌九日，行道設醮，奏表投龍薦璧，以本命鎮彩物奉為皇帝敬造石玉寶皇上天尊一輔十事，並壁畫天尊一輔廿二事，敬書本際經一部，度生經千卷，以茲功德，奉福聖躬。其月四日巳前行道之時，忽見日月揚光，加以抱戴，俄頃之際，雲色頓殊，遂有紫霞□起，黃雲互興，遍滿□場，善成功德，睹斯嘉瑞，敢不書之，齋醮既終，勒文於石。	專管官宣德郎行兗州都督府參軍事金處廉，專管官文林郎守博城縣主簿韓仁忠，專管官嶽令劉玄□	大□□觀威儀師邢虛應、法師阮孝波

續表

序號	年代	帝號	帝王	金石名稱	啟建時間			地點	宮觀	齋醮名稱	內容	官員	道士
					年號	年	月						
11	705	中宗	李顯	岱嶽觀碑十	神龍	1	3	泰山	岱嶽觀	金籙寶齋	大唐神龍元年，歲次乙巳，三月庚辰朔，廿八日丁未，大弘道觀法師阮孝波，道士劉思禮，品官楊嘉福、李立本等，奉敕於岱嶽觀建金籙寶齋，卌九人九日九夜行道，並設醮投龍，功德既畢，以本命鎮彩等物，奉為皇帝、皇后敬造石玄真萬福天尊像一輔。	品官楊嘉福、李立本	大弘道觀法師阮孝波，道士劉思禮
12	708			岱嶽觀碑十一	景龍	2	2	泰山	岱嶽觀	章醮投龍，金籙道場	大唐景龍二年，歲在戊申，二月甲子朔，十二日乙亥，大龍興觀□□□□敕往東嶽陳章醮薦龍璧，以其月廿七日辛卯於岱嶽觀並□□□□□設金籙行道九日九夜，燒香然燈，□□並設五嶽名山河圖等醮□三□。功德事畢，奉用本命紋繒及餘鎮彩敬造鎮國天□□鋪。皇猷永固，與嶽靈而恆安，國祚長隆，等玄都而自久。	朝議郎、行兗州□軍事王幹，朝散郎、行兗州都督府參軍事、上國柱兼安樂公主府□□。乾封縣令、上柱國張懷貞，儒林郎、行乾封縣主簿、騎都尉韓仁忠	大龍興觀主

續表

序號	年代	帝號	帝王	金石名稱	啟建時間			地點	宮觀	齋醮名稱	內容	官員	道士
					年號	年	月						
13				岱嶽觀碑十四	景龍	2	8	泰山	╲	齋醮投龍	大唐景雲二年，歲次辛亥，八月癸卯朔，十四日景辰，蒲州丹崖觀上坐呂皓仙，奉今年閏六月十九日敕，往東嶽及萊州東海投龍，並道次靈跡修功德。將弟子二人，蒲州靈仙觀道士杜含光，丹巖觀道士王元慶、道士孫藏輝，於此三日三夜，卌九人金籙行道，設齋醮並投龍。	朝議郎行倉曹參軍陸大鷴，朝議郎行兵曹參軍高岌，通直郎行參軍袁幹時，宣議郎行瑕丘縣丞裴遇等，奉都督、齊國公崔處分	蒲州丹崖觀上坐呂皓仙，蒲州靈仙觀道士杜含光，丹巖觀道士王元慶、道士孫藏輝
14	709			岱嶽觀碑十二	景龍	3	3	泰山	岱嶽觀	金籙大齋、河圖大醮	大唐景龍三年，歲次已酉，三月戊午朔，十九日景子，奉敕令虢州龍興觀主杜太素，蒲州丹崖觀監齋呂皓仙、京景龍觀大德曹正一等三人，於此太山岱嶽觀建金籙大齋，報賽前恩，追濟兗等州大德卌九人七日七夜轉經行道，設河圖大醮，更祈後福，以申告請。七日之中，遂呈四瑞，白鶴騰輝，拂霞莊而矯色，黃雲覆彩，映巖穴以通光，絲雨非禎，家示九年之蓄，鳥曦抱戴，壽延千載之君。紀時日於青郊，勒奇工於翠琰，夾紵像一鋪十一事，二聖本命鎮彩修造。	戶曹盧延口縣令張懷貞主簿韓仁忠	虢州龍興觀主杜太素，蒲州丹崖觀監齋呂皓仙、京景龍觀大德曹正一

續表

序號	年代	帝號	帝王	金石名稱	啟建時間			地點	宮觀	齋醮名稱	內容	官員	道士
					年號	年	月						
		玄宗									原夫三統未萌，陰陽混於氣口，六虛肇辟，造化剖於元胎，是口大象無形，其可得而言矣。粵以		
15	713			楊太希造元始天尊像記	先天	2	9	濟瀆	╲	濟瀆齋醮	先天二年九月一十一日，道士楊太希奉敕於濟瀆齋醮畢，所餘鎮信，今為皇帝回造石元始天尊像一鋪並二真人等。實相才成，寶雲鬱起，靈光晉燭，渾天洞明。玉晨之位既崇，翠琰之功斯畢，虔奉明旨，敢口玄銘，萬古悠悠，披文相質。銘曰：大哉皇綱，粵惟臣唐，恩覃九井，德茂三光。真儀就畢，玄教再揚，式口真琰，地久天長。	檢校官主簿閻齡之	道士楊太希
16	731			岱嶽觀碑十六		19	11	泰山	岱嶽觀	修齋	開元十九年十一月，都大宏道觀主張游霧，京景龍觀大德楊琬，建立真君，於此修齋三日三夜。	專當官朝散郎曲阜主簿上官賓，登仕郎乾封縣尉王去非	都大宏道觀主張游霧，京景龍觀大德楊琬

續表

序號	年代	帝號	帝王	金石名稱	啟建時間			地點	宮觀	齋醮名稱	內容	官員	道士
					年號	年	月						
17	735			莫州泛龍觀投龍設醮儀		23	7	莫州	泛龍觀	投龍設醮	開元二十三年七月一日，為國投龍設醮。莫州泛龍觀三洞道士董靈寶。		莫州泛龍觀三洞道士董靈寶。
18	738		李隆基	南嶽投龍告文	開元	26	6	南嶽	紫蓋仙洞	投龍	大唐開元神武皇帝李隆基本命乙酉八月五日降誕。夙好道真，願蒙神仙長生之法，謹依上清靈文，投刺紫蓋仙洞。位忝君臨，不獲朝拜，謹令道士孫智涼賫信簡以聞，惟金龍驛傳。太歲戊寅六月戊戌朔廿七日甲子告文。	內使朝散大夫行內侍省掖庭局令上柱國張奉國本命甲午八月十八日生，道士涂處道、判官王越賓	道士孫智涼
19	739			大房山投龍壁記		27	3	大房山	孔水	投龍	維開元廿七年歲在己卯，春三月，府城西南有大房山，孔水其水也。……伏惟開元聖文神武皇帝，纂承洪業，肇自開元，率土晏清，廿七年矣。去開廿三年，內供奉□□呂慎盈奉敕於此水投龍壁，暨廿四載，□□□□□又奉敕於此投龍壁，今又奉敕於此投龍壁焉。	御史大夫南陽張公諱守珪為府主矣，監官功曹參軍段暐	法師觀主□及公使上坐李義遠、平步風、高味虛、張若水、龐味道、杜崇□、李西升、□崇□，童子李延忠

續表

序號	年代	帝號	帝王	金石名稱	啟建時間			地點	宮觀	齋醮名稱	內容	官員	道士
					年號	年	月						
20	743			慶唐觀金籙齋頌	天寶	2	10	平陽郡龍角山	慶唐觀	金籙齋	大唐平陽郡龍角山慶唐觀大聖祖玄元皇帝宮金籙齋頌並序……。天寶二年歲次癸未，十月景寅朔，十五日庚辰下元齋建。	\	\
21	744			王屋山劉若水碑		3	\	西嶽	雲台觀上方太清宮	修齋	……至天寶三載，有詔尊師德行純和，尤精科戒，請往西嶽雲台觀上方太清宮。……七載，又□□教東京睿宗大聖真觀，奉敕修□，理籍清高，副國誠命。……	\	\

提及了這個觀點，學術界則對此説法一直比較慎重，但是畢竟學術著作不如網絡傳播廣泛。實際在唐代主流宗教都在蓬勃發展，而且唐代統治階級與各種宗教之間的關係是錯綜複雜的。

正式寫入典籍裏面以進行全面介紹的當首推道教和佛教，首先我們先來對比一下道教和佛教的組織機構，因為這是對一種宗教最直觀的了解。

> 凡天下觀總一千六百八十七所。一千一百三十七所道士，五百五十所女道士。每觀觀主一人，上座一人，監齋一人，共綱統眾事。而道士修行有三號，其一曰：法師，其二曰：威儀師，其三曰：律師。其德高思精謂之：煉師。…… 凡天下寺總五千三百五十八所。三千二百四十五所僧，一千一百一十三所尼。每寺上座一人，寺主一人，都維那一人，共綱統眾事。而僧持行者有三品，其一曰禪，其二曰法，其三曰律。大抵皆以清靜慈悲為宗。[1]

通過對比道、佛教的組織機構，道觀的數量遠遠低於寺廟，當然，這也與道觀的皇家性質有很大的關係，統治階級會因為名額、賦稅等原因限制道觀數量和人數規模。但是從

1　〔唐〕李林甫等撰：《唐六典》，《尚書禮部》卷四，陳仲夫點校，中華書局，1992 年，第 125 頁。

另外一方面來看，至少在唐武宗「滅佛之前」唐代對於佛教的發展沒有限制，而且寺觀的規模也是佛教要大於道教。

從科舉制度方面，道舉制度（見表格 8）[1] 形成於開元二十九年（741 年），這是當時其他宗教所沒有的待遇。從表格 7 中可以看到在道舉制度實施的過程中，學習的經典一再變化，更是在寶應三年（764 年）暫停了道舉制度，並一度在中書門下商議崇玄學生的去留問題。四年之後的大曆三年（768 年），又將崇玄學生擴招到一百人。縱觀道舉制度，總體感覺管理比較混亂，而且從崇玄署畢業的學生在弘道的方面沒有後續的追蹤和報道。「天寶二年時，因崇玄生尚未達到『三年業成』，故考試中的帖經、試策各減一道。這是對一般崇玄生的優惠標準，⋯⋯政府頒佈的這些優惠政策，無疑可以吸引更多的士子參加道舉考試。」[2] 由此推斷道舉制度讓很多既想走仕途，又想走捷徑的人提供了機會，就是參加道舉會試來博得功名要比朝廷的考試制度來的容易，這也促使了一批青年學者加入道教，參加道舉考試，走上仕途。道教經典藉此也廣泛的傳播於世，使得更多青年學者接觸並修習。「道舉制度的建立不僅使唐代知識分子增加了一條入仕的途徑，也為國家的崇道活動選拔了一批人才。」[3] 雖然道舉制度為唐代首創，但是對道教發展的實際影響是很有限的。

---

1 〔宋〕王溥：《唐會要》卷七十七，中華書局，1955 年，第 1404 頁。

2 林西朗：《唐代道教管理制度研究》，巴蜀書社，2006 年，第 140 頁。

3 林西朗：《唐代道教管理制度研究》，巴蜀書社，2006 年，第 148 頁。

表 8　唐代道學制度沿革表

年代	年號	月份	帝王	經典更改	內容
741	開元二十九年	正月十五日	玄宗李隆基	《道德經》《莊子》《文子》《列子》	於元元皇帝廟置崇元學，每年隨舉人例送名至省，通者准及第人處分，其博士置一人。
741	開元二十九年	正月二十五日		《道德經》《南華》《通元》《沖虛》	合習四經。
741—742	開元三十年	＼		《道德經》《南華》《通元》《沖虛》《庚桑子》	加入《庚桑子》。
742	開元三十年	二月二十日		《道德經》《南華》《通元》《沖虛》《庚桑子》	置博士助教一員，崇元學生百人。
742	天寶元年	二月二十九		《道德經》《南華》《通元》《沖虛》《洞靈真經》	改《庚桑子》為《洞靈真經》。
742	天寶元年	五月		《道德經》《南華》《通元》《沖虛》《洞靈真經》	五經之中《洞靈真經》人間少本，《通元》《沖虛》亦恐文字不足，三經另中書各寫千卷，校訂。並付貢舉。
743	天寶二年	二月		《道德經》《南華》《通元》《沖虛》《洞靈真經》	委崇元館大學士檢校兩京元元宮和道院，務令精修，勿令喧雜。
743	天寶二年	三月十六日		《道德經》《南華》《通元》《沖虛》《洞靈真經》	崇元生試及帖策各減一條，三年業成。

續表

年代	年號	月份	帝王	經典更改	內容
748	天寶七年	五月十三日	玄宗李隆基	《道德經》《南華》《通元》《沖虛》《洞靈真經》	崇元生出身，至選時，宜減於常例一選，以為留放。
755	天寶十三年	十月十六日		《道德經》《南華》《通元》《沖虛》《洞靈真經》	停習《道德經》，來載為始。
756	天寶十四年	年初		《周易》《南華》《通元》《沖虛》《洞靈真經》	依去年制。
764	寶應三年	六月二十日	代宗李豫	《周易》《南華》《通元》《沖虛》《洞靈真經》	道舉宜停。
764	寶應三年	七月		《周易》《南華》《通元》《沖虛》《洞靈真經》	道舉既停，崇元生望付中書門下商量處分。
768	大曆三年	七月		《周易》《南華》《通元》《沖虛》《洞靈真經》	增置崇元生員滿一百。
780	建中二年	二月	德宗李适	《周易》《南華》《通元》《沖虛》《洞靈真經》	學生試日，減策一道，更減大義兩條。

從宗教地位上來分析：《唐大詔令》中關於僧道地位變化也是飄忽不定的。這完全取決於皇帝對何種宗教的喜好，而並沒有形成傳統和定式[1]。（見表格 9）

1 〔宋〕宋敏求編：《唐大詔令集》卷一百十三，中華書局，2008 年，第 586-587 頁。

表 9 《唐大詔令集》中佛道地位變化

年代	年號	帝王	詔書名稱	內容
637	貞觀十一年	唐太宗李世民	道士女冠在僧尼之上詔	自今以後，齋供行法，至於稱謂，道士女冠可在僧尼之前。
691	天授二年	武則天	釋教在道法之上制	自今以後，釋教宜在道法之上，緇服處黃冠之前。
711	景雲二年	唐中宗李顯	僧道齊行並進制	自今每緣法事集會，僧尼道士女冠等，宜齊行並進。

從祭祀儀式方面來分析，「凡道觀三元日，千秋節日，凡修金籙，明真等齋及僧寺別敕設齋，應行道官給料。……凡國忌日，兩京定大觀、寺各二散齋，諸道士、女道士及僧、尼，皆集於齋所，京文武五品以上與清官七品已上皆集，行香以退。」[1] 佛道的寺觀是同時祭祀，並且佛寺祭祀時候所用的物品都要「應行道官給料」。由此可以看出在道教宮觀舉行儀式的同時，佛教寺廟也在舉行相應的宗教儀式，只不過從史料的記載上沒有道教詳細而已。

唐代可以説沒有所謂的國教，主流宗教尤其是佛教和道教都得到了很大的發展。經過各個方面的詳細比對，道教處於相對劣勢的地位，如果想從規模上超過佛教，無論短期、長期也都無法做到，所以這也使得道教教團只能從與統治階

1 〔唐〕李林甫等撰：《唐六典》卷四，陳仲夫點校，中華書局，1992 年，第 120 頁。

級的特殊關係入手，通過道教儀式在皇家祭祀儀式中的重要地位，將道教儀式的意義和作用發揮到極致，創造出一種道教的儀式，從皇家祭祀儀式上佔取無法撼動的位置，在宗教上佔有權威性和終極性。

（二）「安史之亂」的影響

民間信仰是主流宗教的土壤和催化劑，當民間信仰蓬勃發展的時候，主流宗教就會從中吸取養分，也就是良性的宗教因素和優秀的傳教方式。但是民間信仰沒有脫離民俗，也沒有一部分智者脫離世俗生活創建教團，所以競爭性始終處於劣勢。東漢末年五斗米道和太平道就是從民間土壤中萌生而茁壯生成的。羅天大醮形成的時期是「安史之亂」（755 年—763 年）的中期，戰事慘烈而膠着，下面簡單的列舉一下 756 年至 759 年之間發生的戰鬥：

> 七月辛酉……甲戌，安祿山寇扶風，太守薛景仙敗之。八月辛卯，張巡及安祿山將李廷望佔於雍丘，敗之。……辛卯，河南節度副使張巡及令狐潮戰於雍丘，敗之。辛丑房琯以中軍、北軍及安祿山之眾戰於陳濤斜，敗績。癸卯，琯又以南軍戰，敗績。是月，遣永王璘朝上皇天帝於蜀郡。璘反，丹徒郡太守閻敬之及璘戰於伊婁埭，死之。……十一月……郭子儀率回紇及安祿山戰於河上，敗之，史思明寇太原。十二月，安祿山陷魯、東平、濟陰三郡。戊子，給復彭原郡。二載，安

> 祿山陷潁川，執太守薛願及長使龐堅。是歲，土蕃陷巂州，嶺南溪獠梁崇牽陷容州。二載正月，永王璘陷鄱陽郡。乙卯，安慶緒弒其父祿山。丙寅，河西兵馬使孟庭倫殺其節度使周佖，以武威郡反。乙亥，安慶緒將尹子奇寇睢陽郡，張巡敗之。二月戊子，次於鳳翔。李光弼及安慶緒之眾戰於太原，敗之。丁酉，關西節度兵馬使郭英乂及安慶緒戰於武功，敗績。慶緒陷馮翊郡，太守蕭賁死之。慶緒將蔡希德寇太原。[1]

這短短八個月，經歷了多次戰爭。這場戰爭給當時的人民帶來的是滅頂的災難，僅僅從戰後的人口統計就令人觸目驚心，「初，乾元末，天下上計百六十九州，戶百九十三萬三千一百二十四，不課者百一十七萬四千五百九十二；口千六百九十九萬三百八十六，不課者千四百六十一萬九千五百八十七。減天寶戶五百九十八萬二千五百八十四，口三千五百九十二萬八千七百二十三。」[2]「這個時候的人口迅速減少。肅宗乾元三年（公元 760 年），戶減少到一百九十三萬三千一百七十四，人口減少到一千六百九十九萬三百八十六人（《新唐書· 食貨志》《通典· 食貨七》）。與天寶十四年（755 年）相比，五年間人口減少了三千五百多萬。如此慘重的生命損失和人口逃亡，夠得上駭人聽聞的

1　〔宋〕歐陽修、宋祁：《新唐書》卷六，中華書局，1975 年，第 156 頁。

2　〔宋〕歐陽修、宋祁：《新唐書》卷五十二，中華書局，1975 年，第 1362 頁。

了。可見安史之亂給社會、經濟、文化、人口造成多麼嚴重的破壞，連最繁榮的黃河流域也是一片荒涼。」[1] 在這個時候，任何物質條件都無從談起，唯一可以彌補人們心靈創傷的只有精神上的慰藉，佛道教都受到了很嚴重的破壞，佛寺道觀被毀壞，僧道大多都死走逃亡。人們在重建家園的同時，也在精神層次上找尋着解脫和傾訴痛苦的對象，為民間信仰的滋生提供了適宜的土壤。道教的恢復也要應對這樣的局面。

針對於以上三方面的社會問題，道教要推出一種大型齋醮科儀既要具有超越性滿足統治階級的祭祀要求；又要具有先進性超越其他主流宗教；還要具有權威性來應對戰亂之後民眾對撫平心理創傷的需要和新生的處於萌芽狀態的民間信仰。

三、政治原因

唐代尊道祖老子李氏為其祖先，自詡為其後人，藉以說明奪取隋朝政權的合法性。在唐王朝穩定後，更是對於老子愈加尊崇。

> 乾元元年三月二十日，追尊老君為太上元元皇帝。至永昌元年，卻稱老君。至神龍元年二月四日，依舊號太上元元皇帝。至天寶二年正月十五日，加太上元元皇

1 楊子慧，張慶五：《中國歷代的人口與戶籍》，天津教育出版社，第 56 頁。

帝為大聖祖元元皇帝。八載六月十五日，加號為大聖祖大道元元皇帝。十三載二月七日，加號大聖高上大道金闕元元皇帝。[1]

唐王朝不僅僅在封號上面作足了文章，而且對於尊老子為道祖的道教也進行了一定的扶持，「唐中宗神龍元年二月，制天下諸州各置觀一所，以大唐中興為名。」[2] 這使得剛剛經過南北合併後的道教得到了一定的發展，但是由於道教隨着政權的統一，南北教團之間既有融合又有排斥，唐王朝建立後出於其政權的合法性對於道教的扶持將道教徒然提升到一個前所未有的高度，這既是一個機遇也是一個巨大的挑戰，道教教團要在一個短時間內迅速提升高度，適應統治階級賦予的如此重要的角色，這就需要從教理教義、組織機構、宗教活動等等方面進行提升。基於本文的重點，我們着重從齋醮科儀上來闡述。

首先我們來分析唐王朝對祭祀儀式的態度：

自古受命之主，創業之君，皆經濟艱難，戡定禍亂，雖道謝於往古，乃功施於生人，用率典章，亦從禋祀。其歷代帝王肇跡之處，未有祠宇者，宜令所繇

1　〔宋〕王溥：《唐會要》卷五十，中華書局，1955 年，第 865 頁。

2　〔宋〕王欽若等編：《冊府元龜》卷五三，中華書局，1960 年 1 版，2012 年 7 印，第 589 頁。

> 郡縣量置一廟，以時享祭，仍取當時將相德業可稱者三人配祭，仍並圖畫立像。如先有祠宇沾享祭者，亦宜准此。[1]

這份祭祀名單已經被整理出來了。[2] 只有歷代的開國之君才在祭祀之列，這體現出其祭祀對象的無法超越的特點。歷代開國之君，即使是敵對的前朝開國之君，也在祭祀範圍，因為他們「受命之主，創業之君，皆經濟艱難，戡定禍亂」；是最偉大的最令人崇拜的，也是他的後代帝王無法超越的，為了迎合統治階級，道教的齋醮科儀也需要一種領先於其他宗教，無法被超越的齋醮科儀來配合祭祀。

第四節　小結

唐時代統治階級為了獲得權力的合法性，與道教建立了非常特殊的關係，一方面，將道教的齋醮科儀納入了國家祭祀系統，將道教宮觀管理融入了國家行政管理體系，提升了

1 〔宋〕王欽若等編：《冊府元龜》卷八六，中華書局，1960 年 1 版，2012 年 7 印，第 1022 頁。

2 雷聞：《郊廟之外 —— 隋唐國家祭祀與宗教》，三聯書店，2009 年，第 82 頁。

教團整體的層次，從而促進了道教的發展；另一方面，通過唐王朝對道舉制度飄忽不定的態度、對佛教發展的支持等諸多因素，教團也倍感壓力。而且，經過了「安史之亂」，宗教局面更加錯綜複雜，此時羅天大醮的橫空出世，既順應了統治階級終極祭祀態度，也解決了上至帝王下至黎庶對於精神救贖的需求。

第三章

羅天大醮在唐代的實踐

本章要詳細探討羅天大醮在唐代的實踐活動，經過對文獻的梳理和考證，筆者一共發掘出五次羅天大醮，其中第一次和第五次為學術界所提及和研究，中間三次鮮有提及。在研究的計劃階段，本章節有兩個重點，第一個重點：現代對於唐代道教齋醮科儀的研究大都放在歷史沿革和分類上，對於壇場佈置和科儀內容涉獵甚少，這是由於涉及此類的道教史料流傳至今可供研究的內容太匱乏了，即使查詢到一些隻言片語的史料，也由於年代久遠，對於其中的專業術語僅僅停留在字面之上，沒有辦法深入發掘了解，對於這個非常重要的問題，我將儘可能收集史料中的相關內容，並挑選從地域上有代表意義的宮觀和保存相對完好的道教法脈傳承進行田野調查，結合兩者得出結論；第二，鑒於唐武宗比較極端的揚道抑佛的宗教政策，筆者將重點放在唐武宗時期，但是經過梳理，在《道藏》和《新唐書》《舊唐書》等史書中均沒有提及這項重大的科儀，但是筆者始終相信在唐武宗時代沒有理由對於羅天大醮這樣的道教盛事毫無涉及，所以將考證範圍擴大至同時期佛教的一些著作，終於搜尋到蛛絲馬跡，既找尋到了羅天大醮舉辦的事實，還將羅天大醮的定義進行了創新性的擴充。對於唐代第五次羅天大醮，結合當時的政治形勢，經過考證得出了與現有研究不同的結論，為今後的研究提供了新的嘗試。

第一節　唐肅宗時代

唐代是第一次羅天大醮形成的年代，對第一次舉行的羅天大醮進行詳細的分析考證，可以進一步揭示羅天大醮的種種特質，為分析以後舉行的羅天大醮打下堅實的理論基礎。

如前文所分析，羅天大醮第一次啟建是在唐肅宗時代。唐肅宗（756 年—762 年在位）經歷了「安史之亂」，這是唐王朝由極盛到衰亡的轉折點，王朝的最高權力衰落，地方藩鎮勢力擴大，形成割據的局面，戰事頻繁，吏治腐敗，民不聊生。肅宗雖然秉承玄宗崇道的遺風，而且非常熱衷於齋醮活動，但是他偏信於巫，重用王璵和黎幹等擅長左道和巫術的術士。此時茅山派一如既往的受到朝廷的重視，茅山第十代宗師王遠知、第十一代宗師潘師正、第十二代宗師司馬承禎、第十三代宗師李含光、第十七代宗師吳法通都被封為國師，[1] 其中李含光於「七年，玄宗受三洞經籙於大同殿，遙禮

1　〔清〕笪蟾光編：《茅山志》卷八，見高小健、張智主編：《中國道觀志叢刊正續編》第 13 冊，廣陵書社，2015 年，第 623-635 頁。

先生為度師」。[1] 使得茅山名聲大振。道教在這一時期發展緩慢，但是在盛唐崇道的慣性下，繼續行於朝野。羅天大醮的出現卻是在道教齋醮科儀方面的一個巨大突破，與道教緩慢的發展形成了鮮明的對比。

《冊府元龜》記載：

> 乾元元年二月旱，於曲江池投龍祈雨，又令道士何智通於尚書省都堂醮土神，用特牲設五十餘座。右僕射裴冕及尚書侍郎官並就位如朝禮。……四月丁未，內出皇帝寫真圖，自光順門送太清宮諸觀，道士都人皆以棚車幡花鼓樂迎送。……二年十一月，殿中監成國公李輔國奏，大明宮三殿前設河圖羅天大醮，其夜及晨有龍見於御座褥，宛轉鱗甲腳跡遍於褥上，以其褥示朝臣。[2]

關於羅天大醮的描述僅有短短的五十五個字，但是經過詳細分析，會有很大的發現。

「二年十一月」，這裏所指的就是唐肅宗乾元二年十一月（759 年），這個時期著名的歷史事件就是「安史之亂」。「安史之亂」是在唐玄宗天寶十四年至唐代宗廣德一年（755 年—763 年）發生的一場政治叛亂，是唐由盛而衰的轉折點。由於

---

1 〔清〕笪蟾光編：《茅山志》卷八，見高小健、張智主編：《中國道觀志叢刊正續編》第 13 冊，廣陵書社，2015 年，第 631 頁。

2 〔宋〕王欽若等編：《冊府元龜》卷五四，中華書局，1960 年 1 版，2012 年 7 印，第 605 頁。

發起叛唐者乃是以安祿山與史思明二人為主，所以被冠以安史之名，又由於爆發於唐玄宗天寶年間，也稱天寶之亂。安史之亂歷時七年零三個月，雖然最終得以平定，卻是唐帝國由盛轉衰的轉折點。醮儀產生的年代是唐肅宗乾元二年（759年），恰逢此次戰亂中期，戰事膠着，唐王朝正在苦苦支撐。前文之中也曾提及，由於連年戰事人口銳減，叛軍所到之處佛寺道觀均被毀壞，僧道不是被殺，就是逃亡。此時羅天大醮的舉辦肯定不僅僅是祈福那麼簡單，其作用第一，就是為在戰事中死去的士兵和百姓超度亡靈；第二，是祈求神靈保佑戰事順利，平定叛軍；第三，是祈求神靈保佑江山永固。

李輔國的官職為「殿中監成國公」，其中「殿中監」為官名，「魏始置。掌張監護事。……唐代改為殿中省，屬下有尚食、尚藥、尚衣、尚舍、尚乘、尚輦六局，殿中省設『監』一人為其長，秩從三品。」[1] 此官員專門掌朝集禮儀之事。成國公，爵位名稱，「從一品，食邑：三千戶」[2]，是中國古代一等公爵。關於李輔國有這樣的記載：

> 李輔國本名靜忠，以閹奴為閑廄小兒。貌獰陋，略通書計。事高力士，年四十餘，使主廄中薄最。王鉷為使，以典禾豆，能檢擿耗欺，馬以故肥，薦之皇太子，得侍東宮。

1　趙德義、汪興明主編：《中國歷代官稱辭典》，團結出版社。1999 年，第 91 頁。

2　丘樹森主編：《中國歷代職官辭典》，江西教育出版社，1991 年，第 735 頁。

> 陳玄禮等誅楊國忠，輔國豫謀，又勸太子分中軍趨朔方，收河、隴兵，圖復興。太子至靈武，愈親近，勸遂即位繫天下心，擢家令，判元帥府行軍司馬。肅宗稍稍任以肱膂事，更名護國，又改今名。凡四方奏章、軍符、禁寶一委之。輔國能隨軍齪齪謹密，取人主親信，而內深賊未敢肆。不啖葷，時時為浮屠詭行，人以為柔良，不忌也。
>
> 帝還京師，拜殿中監，閑廄、五坊、宮苑、營田、栽接總監使，兼隴右羣牧、京畿鑄錢、長春宮等使，少府、殿中二監，封成國公，實封戶五百。宰相羣臣欲不時見天子，皆因輔國以請，乃可得。常止銀台門決事。置查事聽兒數十人，吏雖有秋毫過，無不得，得輒推訊。……[1]

李輔國出身宦官，唐肅宗時期逐漸步入仕途，唐代宗時期成為了歷史上第一個宦官宰相。他略懂文墨，精通算計，吃素信仰佛教，經常能夠做出一些宗教方面詭異的事情。在肅宗時期官拜殿中監，封成國公，一時間權傾朝野，並且排除異己，獨斷專行。他在殿中監掌管宮中祭祀，所以順理成章地主持了這次羅天大醮。李輔國被封為成國公，但是他並沒有享受食邑三千戶的俸祿，而僅僅封戶五百，憑藉與肅宗的關係，肯定不是皇帝減少俸祿，只能是當時的戰亂致使國

---

1 〔宋〕歐陽修，宋祁：《新唐書》卷二百八，中華書局，1975 年，第 5879 頁。

力衰敗，即使是朝中重臣尚且如此，可見唐王朝到了岌岌可危的地步了。

「大明宮三殿前」，這是第一次啟建羅天大醮的地點，說明此次醮儀並不是在道觀內舉辦，而是將醮儀設在了大明宮三殿前。「大明宮原名永安宮，是貞觀八年（634 年）修建的。李世民讓其父李淵在此『清暑』。第二年改名大明宮。又因位太極宮之東，還稱『東內』。唐高宗李治龍翔二（662 年）、三年（663 年）擴建了兩次。高宗以後，唐歷代皇帝均由太極宮轉到大明宮，在這裏居住和處理朝政，從此大明宮成為唐朝政府的決策場所。但有些朝廷大典，如皇帝即位、葬禮、婚禮等，仍到太極宮舉行。……大明宮有大三殿，即含元殿、宣政殿、紫宸殿。含元殿是大明宮的前殿，修在十五米高的龍首原上，是當時長安城內最宏偉的建築，站在殿前可以俯視長安城。殿前東西兩側建有翔鸞閣和栖鳳閣；殿前有向南通行的三條平行的龍尾道，長均為七十八米。含元殿的作用似於太極殿，還是與丹鳳門配合舉行『外朝』的地方。『九天閶闔開宮殿，萬國衣冠拜冕旒』，說明了這裏朝會的情況。宣政殿位含元殿之北，是舉行『中朝』的地方。機要官署、近臣辦公的機構分別建築在宣政殿圍牆外兩側，如史館、宏文館、門下省、中書省、御史台、命婦院等。宣政殿之北就是紫宸殿，它與前兩殿同在一個中軸線上。紫宸殿是舉行『內朝』的地方，羣臣入紫宸殿朝見，稱之為『入閣』。」[1]

1　李潔萍編：《中國歷代都城》，黑龍江人民出版社，1994 年，第 161-162 頁。

此三殿代表了唐王朝的政權管理中樞，759 年是「安史之亂」的中期，戰事膠着，唐王朝岌岌可危，在這裏舉辦醮儀意味着祈求神靈保社稷江山的穩固。

從道教科儀方面來分析，雖然還沒有耙梳到更加詳細的歷史文獻，我們根據前文可以大膽的推斷，在三殿前舉辦的羅天大醮至少分為三個壇場，雖然每個壇場的佈置和所設醮儀的內容沒有相應的記載。從天師道興起至南北朝、隋代、唐代很多史料記載的壇場就在野外設立，但是齋醮科儀的壇場設置方面的個案鮮有記載，其中距離唐代最近就是《隋書》中的一段記載：

> 其潔齋之法，有黃籙、玉籙、金籙、塗炭等齋。為壇三成，每成皆置綿蕝，以為限域。旁開門，皆有法象。齋者亦有人數之限，以次入於綿蕝之中，魚貫面縛，陳說衍咎，告白神祇，晝夜不息，或一二七日而止。其齋數之外有人者，並在綿蕝之外，謂之齋客，但拜謝而已，不面縛焉。而又有諸消災度厄之法，依陰陽五行術數，推人年命書之，如章表之儀，並具執幣，燒香陳讀。云奏上天曹，請為除厄，謂之上章。夜中，於星辰下，陳設酒脯䴵餌幣物，歷祀天皇太一，祀五星列宿，為書如上章之儀，名之為醮。[1]

1 〔唐〕魏徵：《隋書》卷三十五，中華書局，1982 年，第 1092－1093 頁。

這段文字介紹了隋代齋醮的壇場設置和儀式舉行的內容，其中有兩個地方令人費解，一是「為壇三成，每成皆置綿蕝，以為限域。」為何將壇設為三成？每成是怎樣設置綿蕝的？二是「齋者亦有人數之限，以次入於綿蕝之中，魚貫面縛，陳說衍咎，告白神祇，晝夜不息，或一二七日而止。」魚貫面縛是怎樣一種形式？為何如此？下面我就針對這兩個問題一一考證。

從字面上沒有查詢到對這兩個名詞的任何史料記載和解釋，筆者是一名道士，在道士當中除了有自己的度師以外，再拜的道士不能稱作師父，僅以先生相稱，而且在道教之中有很多暗傳的派系，所幸我是其中一個暗派的傳人，我所傳承的門派是北天師道祖師寇謙之傳下來的，距今已有一千五百多年了。我回憶起我的先生在 2013 年教我本門功法的時候特意叮囑我，在個人進行修煉的時候，進入壇場，一定要以紅布縛面，而且在道觀舉行道場之時，參加儀式的人員不僅要限制人數，在科儀進行的全程都要紅布縛面，自己還要將自身所犯的過錯陳述於神前，希望神靈赦免其罪行。在壇場的最後，高功法師還要向神靈承上章表，希望神靈給大家解厄消災，降福於眾。紅布縛面的含義有四：一是表達對神靈的尊敬，因為神靈降臨，普通人不能面聖，就是不能直接面對神靈祖師；二是在壇場之中免受外界的干擾，讓每個人形成了一個相對獨立的空間，有助於人們冥心靜氣，應該是早期天師道靜室守過的演變；三是要避免一種打擾，道士們相信，每當啟建醮儀的時候，壇場就變成了人與神靈溝通的地方，在壇場除了神靈、道士、信眾以外，還會有一些山魈樹精、狐兔精靈、孤魂野鬼游蕩在附近，他們也希望藉助於壇場對神靈表達敬意，並希望獲得神靈的加持和拔渡。神靈自不必説，道士是人神溝通的媒介，本身具有神通也不用擔心，這些參加道場的信士是普通人，沒有神通護身，就需要紅布縛面，因為自古以來紅布就具有吉祥喜慶的寓意和驅邪避晦的功能；四是希望每位臨場信士通過醮儀的舉辦鴻運當頭，紅布縛面也是吉慶從頭開始的寓意。在醮儀結束，這塊紅布由於在壇場經過了道經和祖師神靈的加持，是不允許信士帶回去的，只能就壇前焚化。這些口口相傳的壇場儀式竟然同《隋書》中記載的幾乎一樣。

如前文第二章第二節所述，寇謙之是在441年北魏太武帝拓跋燾太平真君元年左右被封為國師的，當時北魏定都平城，即現在山西大同。而且隋代僅僅歷經581年—618年短短的三十七年，《隋書》上的道教科儀是深受寇謙之道教科儀改革影響的。我的這位先生名叫張宗健[1]，是一位全真派道士，他幼年入道，是山西太原人，他所傳承的暗派可以從譜系上追溯到明清[2]，甚至更久遠，其傳承範圍就在北嶽和大同

1 張宗健，全真龍門派23代弟子，山西太原人，現任太原市道教協會會長。

2 關於這個道派的名稱，由於傳承人祖訓的原因，無法公佈名稱。關於法脈傳承的問題，筆者一直在調查，但是由於傳承人的稀少和有部分傳承人至今不願意將法統公諸於世，所以具體情況尚不十分明確。就目前掌握的資料看，可以追溯到清代，鑒於這個道派對於道教齋醮科儀保存完整的現況和其保有大量未載入史料的科儀，它們是具有研究價值的，隨着不斷溝通和深入考證，筆者在今後的學術研究之中會有更加詳細的闡述。

一帶，從地理位置上傳承寇謙之是非常合理的。對於第一個問題，我覺得可能是將壇場作為三層，分位內、中、外三壇設置的，綿蕝是由茅蕝演變過來的，茅蕝是古代諸侯盟會的時候，將茅草插在地上，作為表明位次的標誌。據《文獻通考》記載：「司儀職曰：為壇三成，成猶重也。三重者，自下差之為二等，而上有堂焉。堂上方二丈四尺，上等、中等、下等，每面十二尺方。明者，上下四方，神明之象也。會同而盟，明神鑒之，則謂之天之司盟。有象者，猶宗廟之有主乎。王巡狩至於方嶽之下，諸侯會之亦為此宮以見之。司儀職曰：將會諸侯，則命為壇三成，宮旁一門，詔王儀南郊見諸侯也。」[1] 這是早期「為壇三成」的記載，壇場功能集會盟和接見諸侯為一身。尤其是會盟之時，會有神靈見證。根據表格 5 中得知，此時啟建的壇場應為靈寶派的黃籙齋罷散設一千二百分位的道場。

為了詳細了解我就去山西一問究竟，當天正好趕上二月十五日太上老君聖誕之日，太原市居賢觀有祝壽道場，在道場之中，善男信女按順序進入壇場，跪地禮拜，每一位信眾在科儀進行之中都以一塊紅布將面部遮住。於是我拍下了照片以記錄這延續了一千五百多年的道教科儀（見圖 1）。見到張宗健道長，我直接説明來意，他聽完後，首先肯定了我所提出的問題都是他親身經歷過的，而且都是至少是從明清流傳下來的，對於「為壇三成，每成皆置綿蕝，以為限域。」

1 〔元〕馬端臨：《文獻通考》卷八十一，中華書局，1986 年，第 739 頁。

他給出了近現代的解釋：為壇三成，就是利用當地的材料搭起三層的圍牆，分為外、中、內三層，每層之間僅留一人通過的距離。外層用竹竿搭成，以三根竹竿豎插於地面排成一列為一組，竹竿單根長七尺三寸，竹竿間距九尺，以草繩將三根竹竿橫向連接一圈為一道，從下到上一共要九道，間距平均，根據壇場大小，以這樣一組竹竿為單位將壇場圍成四方形；如果在觀內，一面神殿，三面圍牆。第二層取長條凳子豎向排成一列圍繞壇場設置，以凳子高度為宜沿着凳子兩

圖 1　居賢觀道場照
作者攝於 2017 年農曆 2 月 15 日山西太原居賢觀祝壽道場

側綁紮茅草，形成與凳子等高的一堵草牆，如果經濟條件允許，可將茅草換成五色綿綢，凳子上以尺長為間距遍點麻油燈，以為護壇作用。最內一層是以柏木杆或松木杆為立杆，再以五色綿綢圍好，內層綿蕝牆的高度根據壇場設置高度以完全遮住壇場為宜，因為壇場莊嚴不能為外人所見，壇場外的人稱為齋客，不能觀看和參與壇場祭祀，僅可在壇場外跪拜。這正與「其齋數之外有人者，並在綿蕝之外，謂之齋客，但拜謝而已，不面縛焉」相符合，這種綿蕝壇場多見於野外。另外還有傳承至今的壇場設置是史料之中未有記載的，首先壇場內要滿鋪草蓆，而且根據陽事和陰事醮儀的不同，壇場中神像的設置和壇場的入口、出口的設置也有不同，其中陽事道場神像設置於壇場北側，神像坐北朝南，在東側設置入口，在南側設置出口，行醮沒有時間限制；陰事道場神像設置於壇場南側，神像坐南朝北，在南側設置入口，在西側設置出口，行醮要在午時之後才可以。但是近二十年已經鮮有這樣的壇場了，張宗健道長説他也是僅僅見到過兩次，其中一次他是跟他的師父親手搭製。

表 10　綿蕝壇場搭建費用

材料		單位	用量	單價	總價（元）	備註
內層	松木杆	4	40	80	12800	單根四米，三米一道。
	五色綿綢	3	240	30	21600	三米高，內外雙層。
	綁紮帶	5	240	2	2400	每米五道，內外雙層。

續表

材料		單位	用量	單價	總價（元）	備註
中層	長條凳	1	124	200	24800	凳子尺寸 1*0.2*0.5 米。
	五色綿綢	0.5	250	30	3750	高半米，內外雙層。
	麻油燈	3	124	80	29760	每米一盞，麻油隨時添加。
	綁紮帶	3	240	2	1440	每米三道，內外雙層。
外層	竹竿	4	43	8	1376	單根四米，三米一道。
	草繩	54	43	2	4644	內外雙層，單層 3*9 為 27 米。
草蓆		1	1200	40	48000	滿鋪。
人員		10	15	800	120000	平整場地，運輸材料，搭建壇場，每天 10 人，工期 15 天。
總計					270570	

根據前文的論述，筆者推斷羅天大醮在大明宮含元殿、宣政殿、紫宸殿三殿前設置三個壇場，地點設置見圖 2。根據三殿的日常功能不同：主壇設置在宣政殿前，設立一千二百神位；祈福的陽事壇場設置在含元殿前；渡亡的陰事道場設置在紫宸殿前。根據記載，我們假設三個壇場大小一樣，均假設為三十米見方，高度為三米，我們可以根據現在的經濟估算一個壇場的搭建費用在 27 萬元左右，三個壇場僅搭建一項就要支出近 100 萬元，這還不包括搭建神壇、香料祭品、人員服裝、旌旗燈儀等項目的支出。由此可見，壇

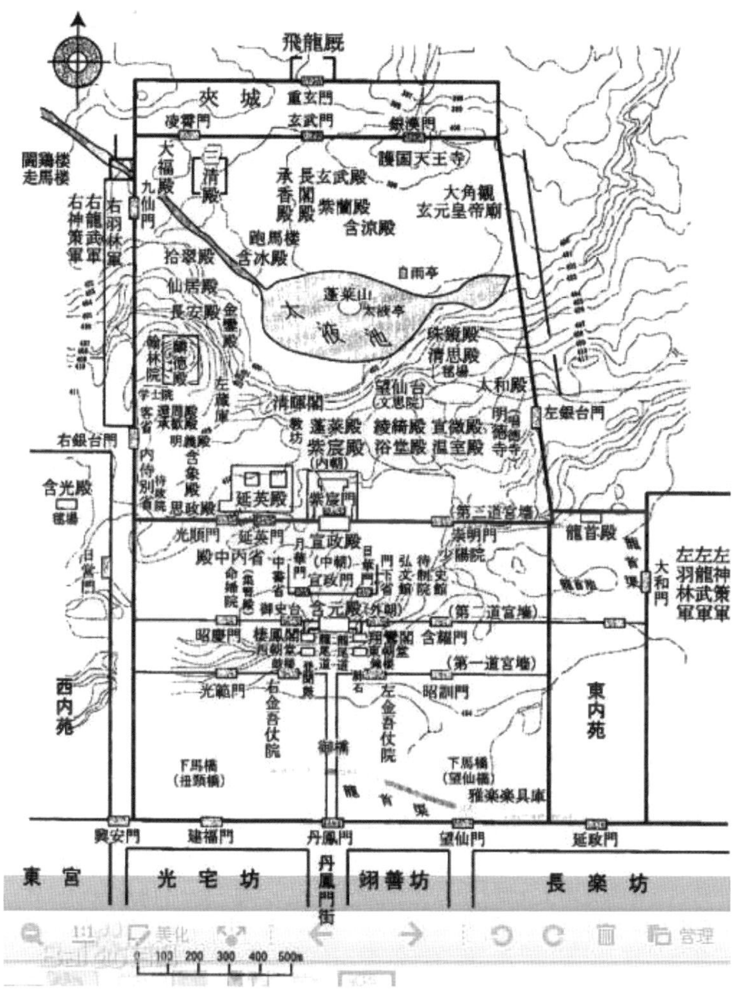

圖 2　大明宮平面圖

來自網絡，https://zhidao.baidu.com/share/dcce61b620162ecb9b4e84fce3c3104c.html

場的搭建即使是在今日社會也是一筆巨大的開支，個人是難以承擔的。（見表格 10）

表 11　大唐郊祀錄中薦獻太清宮齋醮科儀

項目	科儀步驟	樂章	內容	備註
1	降神作煌煌之樂一章	黃鐘宮	煌煌道宮，肅肅太清，禮先尊祖，樂備充庭，罄謁誠至，希夷降靈，雲凝翠蓋，風焰虹旌，眾真以從，九奏初迎，永惟休佑，是錫和平。	請神
2	登歌發爐奏沖和	大呂宮	虛無結思，鐘磬和音，歌以頌德，香以達心，禮殊課暢，義取昭臨，雲車至止，慶垂愔愔。	請神
3	登歌奏初上香	大呂宮	肅肅我祖，綿綿道宗，至感潛達，靈心暗通，雲軿御氣，芝蓋隨風，四時煙祀，萬國來同。	
4	登歌奏再上香	大呂宮	仙宗績道，我李承天，慶深虛極，符光象先，俗登仁壽，化闡嬗涓，五千儀範，億萬斯年。	
5	登歌奏終上香	無射羽	不宰玄功，無為上聖，洪源長發，誕受天命，金奏迎真，璇宮展敬，備禮用樂，垂光儲慶。	
6	上香畢奏紫極之舞	並序黃鐘宮	至道生元氣，重光法混成，無為觀大象，沖用體常明，仙藥臨丹闕，雲車出玉京，靈符百代應，瑞節九真迎，寶運開皇極，天靈鏡太清，長垂一德慶，永庇萬方寧。	
7	入破第一首	無	真宗開妙理，玄教統清虛，化演無為日，言昭有象初，瑤壇肅靈瑞，金闕映仙居，一奏三清樂，長回八景輿。	

續表

項目	科儀步驟	樂章	內容	備註
8	第二首	無	虛極仙宗本，希夷象帝先，百靈朝太上，萬法祖垂玄，善貸惟沖德，成功兆自然，靈門達和氣，思用合鈞天。	
9	第三首	無	元符傳紫氣，寶祚啟玄真，道德先垂裕，沖和已化淳，人風齊太古，天瑞葉維新，仙樂清都上，長明交泰辰。	
10	登歌撤醮	無羽射	嚴煙展事，禮潔承嘗，皇矣聖祖，唯德馨香，殷薦既撤，歌工再揚，大來之慶，降福穰穰。	祈願
11	送仙奏真和	無	玉磬含響，金爐既馥，風馭泠泠，靈壇肅肅，杳歸大象，沛流嘉福，俾寧萬邦，無思不服。	送神

《大唐郊祀錄》中有對於科儀規制和內容的描述：

> 自天寶以來行事官皆行三稽首之禮，太尉一獻而止。興元元年十二月十九日詔：加太常卿亞上香，光祿卿終上香，改三拜禮為再拜也。
>
> 其中申告薦之文曰青詞：案開元二十九年初置太清宮，有司草儀用祝策以行事，天寶四年四月申辰詔：以非事生之禮，遂停用祝版，而改青詞於青紙上，因名之，自以來為恆式矣。[1]

1　《大唐開元禮》附錄《大唐郊祀錄》卷九，民族出版社，2000 年，第 788-789 頁。

由此我們得知天寶以來（742 年以後）直到興元元年（784 年），在太清宮的薦獻儀式之中行事的官員都是行三稽首禮，並僅由太尉一次獻禮。道教科儀中的青詞是由祝版轉化來的，並於天寶四年（745 年）定為恆式。接下來更列舉了開元中御制的薦獻樂章和科儀內容，筆者將其製作成表以直觀的呈現出來（表格 11）。薦獻禮就是祈福儀式，所以羅天大醮科儀之中的祈福儀式應該包含這些儀式。

「設河圖羅天大醮」中河圖二字最早來源於《尚書》，其中有這樣的記載：「越玉五重、陳寶、赤刀、大訓、弘璧、琬琰，在西序。大玉、夷玉、天球、河圖，在東序。」[1]「河圖亡久已，雖老聃、萇宏之徒，亦未經目睹，故夫子適周無從訪問。」惠棟《易漢學八·辨河圖洛書》云：「餘姚黃宗義以河圖為九丘之類圖……棟案，《水經注》載《春秋命曆序》曰：『河圖，帝王之階圖，載江河山川州界之分野。』黎洲據此以為九丘之類也（詳《象數考》）。」[2] 河圖是上古珍寶之一，也代表了王朝的江山社稷，所以這次醮儀的最終目的是唐朝在為了平息叛亂而耗盡了所有力量的同時，希望藉助神靈的力量來保佑王朝永固。

「其夜及晨有龍見於御座褥，宛轉鱗甲腳跡遍於褥上」，道教信仰神仙，人們祈求神仙，神仙就會公平地給予，也就是顯示神跡，有所靈應。龍自古就是皇家所特有的徽徵，皇

1　顧頡剛，劉起釪：《尚書校釋譯論》，中華書局，2005 年，第 1737 頁。

2　顧頡剛，劉起釪：《尚書校釋譯論》，中華書局，2005 年，第 1762 頁。

帝號稱真龍天子。唐王朝此時的處境非常危急，戰事到了這個程度，上至天子下至黎庶，都對王朝未來充滿迷茫，隨即也為自己的將來開始重做打算。別人都可以另做打算，但是李輔國是靠着唐肅宗才有了今天的成就，叛軍一旦得勢，他和唐王朝的皇帝是一樣的下場，保住唐王朝就是保住自己的榮華富貴和身家性命。所以才會有在醮儀結束之後有龍降於御座，而且龍是「其夜及晨」整晚都在御座之上，以至於在御座上面的褥子上面都留下了龍鱗和龍爪的印記。此徵兆預示着唐王朝雖然此時有些劫難，但是象徵天子的龍依然守護在御座之上，說明唐王朝氣數未盡，肯定可以逢凶化吉，遇難呈祥。

「以其褥示朝臣」，既然有了神跡，按照常理來說，應該是：肅宗以為神應，遍示朝臣。從這個角度來看，唐肅宗和李輔國之間對於神諭是達成了共識，從前文對李輔國的介紹看，他親近釋教，而且還擅長詭行，應該是他親自導演了這次事件。這場醮儀的真正對象是朝臣，很快的這個神諭就會被朝臣傳遍朝野，唐王朝依然是天下的主人，因為當務之急需要穩定的是臣心、軍心和民心。

從道教的角度來分析，究竟是哪位道士主持了這次的醮儀？很顯然，這次真正的主角不是道士，所以在文獻中並沒有記載。前文《冊府元龜》中引用了一段記載：「乾元元年二月旱，於曲江池投龍祈雨，又令道士何智通於尚書省都堂醮土神，用特牲設五十餘座。右僕射裴冕及尚書侍郎官並就位如朝禮。……四月丁未，內出皇帝寫真圖，自光順門送太清宮諸觀，道士都人皆以棚車幡花鼓樂迎送。」乾元二年，肅宗令道士何智通祈雨，四月肅宗又令太清宮諸觀供奉自己的畫像。太清宮是長安城內皇家敕建的道場，羅天大醮的舉辦肯定有太清宮的道士參與，何智通也有可能參與其中，而且有可能主持了這場醮儀。但是還有一位道士極為可能參與了這場醮儀，雖然他名聲不好最好也落了個不好的結局，他就是申泰芝，「仙翁申姓名泰芝，字廣祥。家世洛陽人，譜系出於周時申伯之裔，……時於唐則天順聖皇后垂拱三年歲次丁亥八月初五日辰時誕生，……與帝談論，聞一知十，帝稱為仙翁，賜號大國師，敕旨住持元真觀事，賜千斤金錘，百煉寶劍……去時仙翁年已六十九矣。」[1]《雲皐山申仙翁傳》列舉了申泰芝在唐玄宗開元二十六年後在宮廷內的種種靈應事件。根據內容推測，申泰芝壽活六十九歲，應該是生於垂拱三年（687 年），卒於至德元年（756 年），剛剛跟肅宗錯過。但是《新唐書》中卻有這樣的記載：「妖人申泰芝用左道事李輔國，擢諫議大夫，置軍邵、道二州間，以泰芝總之，納羣蠻金，賞以緋紫，出褚中詔書賜衣示之，羣蠻怺於賞，而財不足，更為剽掠，吏不敢制。」[2]和「方士申泰芝以術得幸肅宗，遨遊西湖、衡間、以妖幻詭眾，奸贓鉅萬，潭州刺史龐承鼎按治。」[3]經過進一步查閱史料，發現《全唐文》有：「道

---

1 《雲皐山申仙翁傳》，見《道藏》第 6 冊，第 855-857 頁。

2 〔宋〕歐陽修、宋祁：《新唐書》卷一百四十，中華書局，第 4650 頁。

3 〔宋〕歐陽修、宋祁：《新唐書》卷一百四十，中華書局，第 4727-4728 頁。

士申泰芝誣湖南防御使龐承鼎謀反。」[1] 顯然後者史料的可信度大於前者，根據申泰芝和李輔國以及肅宗的關係，以及其對幻術的精通，李輔國極有可能讓他來幫助完成此次羅天大醮。儘管這場醮儀的主體是王朝派出的最高權力的代表人，道士作為客體，但是就羅天大醮醮儀產生來講，道士才是真正意義上的主體。

第二節　唐敬宗和唐武宗時代

唐敬宗十六歲即位（824 年—826 年在位），雖然在位時間很短，但是他依舊遵循着崇道的祖制，在崇道方面做了不少事情（見表格 12）。表中可見由光順門到御前來進狀的山人杜景先，在與內官張士清訪道尋藥未果的前提下，敬宗仍舊給予了賞賜，敬宗崇道之心可見一斑。唐武宗（840 年—846 年在位）執政時間也很短，僅有 7 年，但是其崇道的活動比較突出，他「二月敕三月十五日玄元皇帝降生日宜為降聖節，休假三日。」[2]，還恢復了對九宮貴神的祭祀。

1　〔清〕董浩等編：《全唐文》卷三四四，中華書局，第 3495 頁。

2　〔宋〕王欽若等編：《冊府元龜》卷五四，中華書局，1960 年 1 版，2012 年 7 印，第 607 頁。

表 12 唐敬宗崇道大事件

年號	年代	月份	日期	內容		
				人物	官職	事件
寶曆元年	825	7		李逢吉	左僕射平章事	薦獻大聖祖於太清宮。
	825	8	癸丑			蓬萊殿會沙門道士四百人，賜衣兼給茶絹。
			己巳	劉從政	簡較光祿少卿賜紫並號升玄先生	賜道士劉從政道官。
	825	10		李程	左僕射平章事	薦獻大聖祖於太清宮。
	825	12		竇易直	中書侍郎平章事	奏祥瑞於太清宮。
寶曆二年	826	3	戊辰	孫準	翰林	命興唐觀道士孫準入翰林。
	826	5		施子微	紫衣	累訪真隱，唯子微粗有修養之術，故其去也獲厚賜（紫衣一襲，絹六百匹，銀器二百）。
	826	5	癸未	張士清	內官	命內官張士清押領光順門進狀山人杜景先，赴淮南、浙西、江東、湖南等道訪求藥術之士，仍送景先衣一襲，絹三十匹。
				杜景先	山人	
	826		甲午	劉從政	同前	賜興唐觀錢二萬貫，充道士劉從政修院。
	826	9	庚午	趙常盈	兩街供奉	等四十餘人於三清殿修羅天大醮道場。
	826	10	丙寅	趙歸真	兩街道門都教授博士	以太清宮道士趙歸真充兩街道門都教授博士。

唐敬宗李湛時代：「敬宗寶曆……二年……九月庚午命兩街供奉道士趙常盈等四十人於三清殿修羅天大醮道場。」[1] 唐武宗李炎會昌四年：「會昌四年……為破潞府，敕召道士八十一人，又於內裏，令作九天道場。於露處，高壘八十張牀，鋪設精彩，十二時行道祭天尊，乾脯酒肉，用祭大羅天，四月一日起首，直到七月十五日為終期。其道場不在屋舍內，於露庭中作法。晴明即日炙，雨下即霖身，八十一人中，多有着病者也。」[2] 這兩場醮儀發生在公元 826 年和公元 845 年。唐武宗執政期間的這場醮儀提到的「九天道場」根據本文第二章第二節對羅天大醮所下的定義，九天即指大羅天，而且文中提到「用祭大羅天」，所以「九天道場」就是祭拜大羅天的羅天大醮道場。

如果回溯到開成五年，「九月，……帝在藩時，頗好道術修攝之事，是秋，招道士趙歸真等八十一人入禁中，於三殿修金籙道場，帝幸三殿，於九天壇親受法籙。」[3] 這次科儀中，金籙道場為齋，九天壇就是大羅天壇場，應該是齋後設醮，符合先齋後醮的特點。武宗在醮儀之中親受法籙也說明了醮儀具備這樣的功能。道士趙歸真（？—846 年），晚唐道士，善黃白冶煉術。《羅浮山志》中記載「軒轅集不知何許人也。

1　〔宋〕王欽若等編：《冊府元龜》卷五四，中華書局，1960 年 1 版，2012 年 7 印，第 607 頁。

2　〔日〕釋圓仁撰，小野勝年校註，白化文、李鼎霞、許德楠修定校註：《入唐求法巡禮行記校註》，花山文藝出版社，2007 年，第 435 頁。

3　〔後晉〕劉昫等：《舊唐書》卷十八，中華書局，1975 年，第 585-586 頁。

武宗好談神仙，集以山人進。宣宗即位，誅趙歸真，遂流集於嶺南，因居羅浮。」[1] 寶曆二年充道門教授博士。他不但率領八十一人在禁中做過九天道場，而且貴為帝師，還在會昌四年三月「以道士趙歸真為左右道門教授先生」[2]，也就是會昌四年羅天大醮舉辦的前夕。所以主持會昌四年羅天大醮的應該就是趙歸真。

會昌四年的醮儀目的是「為破潞府」，指的是發生在會昌三年至會昌四年昭義節度使劉稹的叛亂，史稱「澤潞之叛」。「唐朝廷討伐昭義鎮的戰爭持續一年多，從會昌三年（844 年）[3] 五月至四年（845 年）九月，在這一期間，戰爭可以分為三個階段。第一階段是會昌三年五月至八月，朝廷軍隊大兵壓境，但昭義鎮的軍隊加以抵抗，並在戰爭中佔了上風。⋯⋯第二階段是會昌三年九月至四年二月，這一期間，唐朝廷在軍事上逐漸佔據主動和上風，自科鬥寨之敗後，昭義鎮的軍力更為強大。⋯⋯第三個階段是會昌四年三月至九月，在這一期間昭義鎮內部相繼出現軍將投降或叛亂，最終劉稹被牙將所殺，唐朝廷得以平定澤潞，收回了昭義鎮的節度使任命權。」[4] 通過橫向對比，會昌四年舉行的羅天大醮正

---

1 〔清〕宋廣業纂輯：《羅浮山志會編》（上）卷八，見高小健、張智主編：《中國道觀志叢刊正續編》，第 62 冊，廣陵書社，2015 年，第 348 頁。

2 〔後晋〕劉昫等：《舊唐書》卷十八，中華書局，1975 年，第 600 頁。

3 原文之中：會昌三年（844），會昌四年（845），有誤，應為會昌三年（843），會昌四年（844）。

4 王韵：《論唐、五代的昭義鎮》，四川大學碩士學位論文，2003 年。

是在「澤潞之叛」的第三個階段舉辦的，雖然戰役的第二階段唐朝軍隊有些軍事上的勝利，但是真正取得決定性勝利是在會昌四年七月中旬，作為潞州錢糧供給的邢州（治龍岡，今河北邢台）、洺州（治永年，今河北永年東南）、磁州（治滏陽，今河北磁縣）三州相繼歸降唐王朝。戰役進行最為膠着的會昌四年三月至七月期間恰恰就是羅天大醮的舉辦時間。這次醮儀應該是歷史上最長的一次羅天大醮，醮儀從四月初一日至七月十五日（當年有閏七月），以至於道士在露天作道場，日曬雨淋，多有病臥之人。究竟為何要將法事做得如此的艱苦，只因這場戰事太危急了。當時眾臣認為邊疆回鶻叛亂還未平息，如果內外用兵，怕國力難以支持，建議姑且先答應劉稹的請求。但是宰相李德裕認為昭義鄰近京師，地處國家心臟位置，絕不能讓其割據一方，沿襲河北諸鎮之慣例。朝廷一方面加緊派遣兵將前去鎮壓，一方面唐武宗在位期間獨尊道教，也希望舉辦羅天大醮而藉助天神之力，穩固江山社稷。道場在七月十五日結束，邢、洺、磁三州相繼於七月二十五日之前歸降朝廷，最終於九月平息了戰亂。

唐敬宗和唐武宗兩位帝王都涉及到趙常盈煉師（煉師的稱呼前文已經有介紹），唐敬宗羅天大醮的主持是道士趙常盈，官拜兩街供奉。劉禹錫（772 年—842 年）的一首描寫武宗朝禮上清的詩文《和令狐相公送趙常盈煉師與中貴人同拜嶽及天台投龍畢欲赴京》說到：「銀鐺謁者引霓旌，霞帔仙宮到赤城，白鶴迎來天樂動，金龍擲下海神驚。元君伏奏歸中禁，武帝親齋禮上清，何事夷門請詩送？梁王文字上聲名。」[1] 其中提到了武宗和趙常盈煉師。「據考此詩作於寶曆元年（825年）秋冬之際。詩題中之『令狐相公』即令狐楚，其贈詩原韻已佚；趙常盈係當時名道，其初為吳善經弟子，長慶中供奉宮中，曾與白居易及僧人澄觀在御前講論。『拜嶽』即朝拜東嶽泰山，桃源峪張煉師題記即有『大曆八年王大使因拜嶽』之語。據唐人徐靈府《天台山記》：『寶曆元年，主上遣中使王士岌、道門威儀趙常盈……，五月十三日到山，於天台觀設醮，許往三井投龍璧也。』拜禮泰山蓋在此前。此詩本事，當是有敕使奉命致祭泰山，令狐楚聞而賦詩相贈，後劉禹錫見其作，又加唱和。詩之第五句『元君伏奏歸中禁』，亦出『元君』一詞，從語境上分析，此一元君當指趙常盈，因趙氏奉敕而來，祀畢歸京覆奏，故有『伏奏歸中禁』之語。因道教稱仙人為元君（不限於女性），故而劉詩遂以『元君』稱呼煉師趙氏。」[2] 雖然文獻之中記載了趙常盈在唐敬宗寶曆元年（825年）於天台投龍儀式的事件，但是根據詩文中「武帝親齋禮上清」這一句判斷出這是唐武宗在位時候發生的。劉禹錫逝於公元842年，即會昌二年，這首詩發生的拜嶽投龍儀式後。在朝堂上武宗親自朝禮上清的法事活動應該是在開成五年（840年）、會昌元年（841年）或會昌二年（842年），

1　《劉禹錫集》，見卞孝萱校訂：《中國古典文學基本叢書劉禹錫集》，中華書局，1990年，第460頁。

2　周郢：《「碧霞元君」神號源起時代新考》，《民俗研究》，2007年，第3期。

根據文獻記載，這三年中只有「會昌元年正月乙卯，朝獻於太清宮。」[1]的記載與武宗在禁中親自禮拜上清的事件相符，由此可知詩句之中趙常盈煉師的投龍儀應該不是寶曆元年的那一次，而是發生在開成五年為武宗即位而進行的。從武宗對趙常盈的重用這一點來分析，會昌四年的羅天大醮除了趙歸真，很有可能也有趙常盈的參與。

第三節　唐哀帝時代

蜀王王建（847 年—918 年），字光圖，唐末五代十國時期人，十國之一的前蜀國開國皇帝，即前蜀高祖。因救護唐僖宗有功，成為神策軍將領。經歷三年苦戰，於大順二年（891 年）王建奪下西川，被封為西川節度使。此後，王建接連擊敗黔南節度使王建肇、東川節度使顧彥輝、武定節度使拓拔思敬，佔有兩川、三峽，取得山南西道，被封為蜀王，成為當時最大的割據勢力。903 年唐昭宗封王建為蜀王，天復七年（907 年），唐朝滅亡，王建建立前蜀。吳真針對於此次醮儀進行了細緻的分析和闡述。[2] 杜光庭在唐懿宗時，考進士

1　〔宋〕歐陽修、宋祁：《新唐書》卷八，中華書局，1975 年，第 240 頁。

2　吳真：《從杜光庭的六篇醮詞看早期羅天大醮》，見《中國道教》，2008 年第 2 期，第 19-20 頁。

未中，後到天台山入道。僖宗時，為供奉麟德殿文章應制，隨僖宗入蜀。後來追隨前蜀王建，官至戶部侍郎，賜號傳真天師。

《廣成集》卷九收錄了這次醮儀的七篇醮詞，《李延福為蜀王修羅天醮詞》《羅天中極三皇醮詞》《羅天醮太一詞》《羅天醮嶽瀆詞》《羅天普告詞》《羅天醮眾神詞》《蜀王本命醮葛仙化詞》[1]。最後的葛仙化的醮詞，道出了醮儀啟建的地點，「葛瓚化：五行火，節大雪，上應箕宿，己卯、丁卯、辛卯、癸卯人屬，彭州九隴縣西北六十公里，上清真人所居，楊先賢、蒲高遠、葛永瓚上升，本名上清化。」[2] 這次醮儀是為給蜀王王建本命年祈福禳厄所建，從 903 年封蜀王後僅有 907 年是蜀王本命年，而且是 60 歲壽誕，所以這次羅天大醮應該是在 907 年舉行。907 年不僅僅是蜀王本命年而且他還在這一年的九月稱帝，建立前蜀，所以這次羅天大醮有兩個方面的含義：1、為蜀王王建慶賀本命年；2、為稱帝祈福。吳真認為前六篇為羅天醮詞，並且分成了本命醮、黃籙齋、羅天大醮三個科儀。[3] 而筆者認為第七篇《蜀王本命醮葛仙化詞》也應該是此次羅天大醮的醮詞，是為蜀王王建本命年解厄而撰寫的醮詞，而整個科儀只有兩個部分，黃籙齋和羅天大醮，本命

1 《道藏》第 11 冊，第 272-274 頁。

2 卿希泰主編：《中國道教史》（修訂本）第 2 卷，四川人民出版社，1996 年，第 458 頁。

3 吳真：《從杜光庭六篇羅天醮詞看早期羅天大醮》，見《中國道教》，2008 年第 2 期，第 20 頁。

醮與三皇醮、太一醮、眾神醮、普告醮都屬於羅天大醮酬神的醮儀，不應該以前面是否冠以羅天二字單獨區分，否則每一篇醮詞就都是一個單獨的醮儀了。而且，《李延福為蜀王修羅天醮詞》中說到：「臣允承天澤，長奉唐年。享椿松延廣之齡，竭金石忠貞之節，境無災沴，歲洽豐穰，雨澤不愆，干戈不作，龍神安鎮，士庶人寧，幽扃沾開度之慈，絕域慕和平之化，誓弘清淨。」[1] 這已經將此次啟建羅天大醮的立場和願望表達出來了，第一，唐王朝終結於唐哀帝天祐四年（907年）四月，後梁太祖建國於開平一年（907年）四月，前蜀王建建國於天復七年（907年）九月，他於第二年（908年）才改國號為武成元年，說明王建並沒有急於稱帝，另據《李延福為蜀王修羅天醮詞》中「……憂懼難勝況複，大駕未還中原，多壘訓兵勵士，徒懷於報國勤王。……臣允承天澤，長奉唐年。」[2]《蜀王本命醮葛仙化詞》：「況歲當丁卯，是臣元命之年，月屆仲春，是臣稟生之節。」表明唐王朝即將覆滅，王建表達出沒有勤王的遺憾，和長奉唐年的政治立場。可以推斷這次醮儀應該發生在907年的四月。第二，就是「享椿松延廣之齡，竭金石忠貞之節」，既表達了長生的願望，又一次表示了對唐王朝的忠貞之情。根據《道門定制》卷三：「第六十六狀，二十四化仙官門下」[3]，記載了二十四治的仙官

1　《道藏》第11冊，第272頁。

2　《道藏》第11冊，第272頁。

3　《道藏》第31冊，第688頁。

名稱，其中「葛瓃化仙官」指的就是《蜀王本命醮葛仙化詞》「葛仙化」，「葛瓃化仙官」的聖位就在羅天大醮一千二百聖位之中，而且根據《二十四治和早期天師道空間與科儀結構》「關於治的對應圖解」[1]中葛瓃治對應的干支是乙卯、丁卯、辛卯、癸卯，斷定《蜀王本命醮葛仙化詞》就是為王建在羅天大醮中向自己本命所在的治祈福，用的也是羅天大醮醮儀的一個主要部分，所以不可以割裂開來。

王建在醮詞中多次解釋對於唐王朝危難之時自己沒有盡力的原因和反覆表達對唐王朝盡忠守節之意，《羅天終極三皇醮詞》：「謬應天澤，坐鎮坤維。荷覆燾以難勝，誓忠貞而有守。屬乾綱未舉，天數中微。瞻雲而河洛方遙，捧日而山川尚阻，徒傾丹赤，莫展勳勞。」[2]《羅天醮嶽瀆詞》：「冀萬聖之垂光，會萬靈而降福，共安天步，永奉帝圖，盪昏曀於神京，重瞻聖日，混車書於海宇，克保唐年。」[3]《羅天普告詞》：「常慙撫育非才，每以滿盈為戒，而屬中原多難，天步方艱，社稷綴旒，環瀛塗炭。訓齊武旅，徒懸報國之誠，迢遞神都，莫得扶天之路。」[4]《羅天醮眾神詞》「承天統地，有國有家，惟古及今，率由斯道。我大唐臯陶種德，聖祖垂休，光宅中原，傳二十帝。玄風扇於萬寓，皇澤浸於九圍，徧彼羣

1 〔法〕傅飛嵐：《二十四治和早期天師道的空間與科儀結構》，呂鵬志譯，見《法國漢學》第七輯（宗教史專號），中華書局，第 221 頁。

2 《道藏》第 11 冊，第 273 頁。

3 《道藏》第 11 冊，第 273 頁。

4 《道藏》第 11 冊，第 273 頁。

倫，咸蒙覆燾，而運鐘艱否，實屬播遷。天數未寧，帝車未復。忠臣義士皆懸報國之心，望日瞻天，敢怠勤王之志。」[1]《蜀王本命醮葛仙化詞》：「騰素款於上宮，錫鴻休於下土。帝圖興復，息災期而輦蹕還秦。境宇康寧，消否運而貞祥介蜀。俾罄報君之節，允符憂國之心。」這七則醮詞均有「大游四神，方在雍秦之野，小游天一，傍臨梁蜀之鄉。地一屆於坤宮，月脖纏於井宿。」[2]這樣的星象，其中大游、小游皆為吉星，雍秦指陝西，此處喻義皇權，梁蜀之地就是王建統轄的地域。在 907 年四月，唐王朝已經注定滅亡，上述醮詞中隱含了幾層喻義：1、雖然為行將就木的唐王朝祈福，但是無論結局怎麼樣，都是天命所至。2、王建雖有勤王之意，但怎奈山高路遠，遠水解不了近渴，而且還要把守蜀地，分身乏術。3、即使唐王朝滅亡了，王建仍舊會忠貞守節，等待時機光復大業。

王建雖於元命之年設立羅天大醮，實際上他是有長久打算的，因為在唐代末年，他就開始網羅人才，並聚集了大批的士人，「《十國春秋》編人列傳的近五十人。……王建對待士人不僅禮遇，而且加以重用……，中樞大員都是唐代的名臣士族，又授唐室舊臣王進等三十二人以不同的官爵，其餘宋玭等百人並見信用。」[3]，說明王建手下人才濟濟。其中一部

1　《道藏》第 11 冊，第 273 頁。

2　《道藏》第 11 冊，第 273 頁。

3　楊偉立：《前蜀後蜀史》，四川省社會科學院出版社，1986 年，第 59-62 頁。

分是王建自己招攬的賢士，包括杜光庭。還有一大部分是唐朝舊臣，為了躲避戰火而逃到蜀地，這些名臣良將並非歸順王建，而是暫時躲避，想等待時機藉助王建的力量重新復興唐王朝。王建非常清楚這一點，但是為了自己的霸業，需要將這些唐朝的舊臣收為己用，所以就與杜光庭等人利用自己元命之際，啟建羅天大醮，表明自己的立場，一方面讓眾臣緩慢地接受唐王朝覆滅的事實，另外一方面以永奉唐國、盡忠守節、光復大業來安撫羣臣，也使大家逐漸接受自己。經過這個緩衝直到 907 年九月，王建才稱帝，第二年（908 年）才改元為武成元年。可以看出一切都是按照王建的計劃一步一步實施的。

第四節　小結

唐代羅天大醮從 759 年至 907 年的 148 年內一共啟建了五次。由於資料收集較為困難，根據陳垣的《道家金石略》中關於唐代道教的碑刻（見表格 7）統計，我將重點放到了中唐之後，因為中唐之前比較大型的是河圖大醮，從 678 年至 744 年之間的 66 年當中就啟建了四次，這樣來看應該就是河圖羅天大醮的前身。中唐以後舉辦羅天大醮的帝王，按照順序依次是唐肅宗、唐敬宗、唐武宗和唐哀帝。其中明確在室外啟建的道場至少有三次。雖然筆者僅僅在第一次啟建的時候詳細地分析了壇場佈置、壇場秩序、科儀程序和內容，但是其結論也應用於其他在室外啟建的道場。在這四位帝王之中最有可能啟建羅天大醮的當屬唐武宗，因為眾所周知的「會昌滅佛」就發生在他的統治時期，但是經過查找官方文獻和道教文獻，並沒有找到線索，記得導師曾經教導過我們查找文獻的時候，當遇到山窮水盡就要向對立的方面去搜尋，於是我就對唐時期比較典型的佛教著作展開梳理，果然在佛教文獻之中找到了線索，而且是兩次羅天大醮。

福井康順在談論唐代齋醮時說：「當然也有以其他種種目的舉行的齋，但由於比較缺乏有關該時期修齋實例的史料，具體內容不清。要搞清齋醮的具體內容，需考察宋代以來的歷史，這時齋醮在民間也廣泛流行起來，史料變得豐富了。」[1] 在參見唐代羅天大醮彙總表（見表格 13）後，我們也得出同樣的結論，但是唐代金石資料是：「景龍二年（708 年）立於易周的『龍興觀道德經碑』。道教吸取了以往儒家和佛教將經典刻於石上的做法，也用此方法傳播教義，這可確保多年之後經典依然永存。」[2] 這個說法雖然不太準確，但是陳垣的《道家金石略》中關於道教金石記載：漢魏六朝 1 則，唐代 46 則，宋代 209 則，明代 1229 則。由此看來，唐代道教以碑刻的形式記錄確實剛剛起步。從 759 年到 907 年的 148

---

1 〔日〕福井康順、山崎宏、木村英一、酒井忠夫監修：《道教》第一卷，朱越利譯，上海古籍出版社，1990 年，第 182 頁。

2 〔英〕巴瑞特：《唐代道教 —— 中國歷史上黃金時期的宗教與帝國》，曾維加譯，齊魯書社，2013 年，第 32 頁。

表 13　唐代羅天大醮匯總表

序號	年份	帝王	姓名	時間			醮儀名稱	地點	醮儀歷時時間	主祀帝王或官員	主祀道士	道士人數	目的	出處
				帝號	年	月								
1	759	唐肅宗	李亨	乾元	2	11	河圖羅天大醮	含元殿、宣政殿、紫宸殿三殿前	╲	李輔國	申泰芝或何智通	╲	平定「安史之亂」，祈求皇權穩固。禳災	《冊府元龜》卷五十四
2	826	唐敬宗	李湛	寶曆	2	9	羅天大醮	三清殿	╲	╲	趙常盈	40	╲	《冊府元龜》卷五十四
3	840	唐武宗	李炎	開成	5	9	九天道場	禁中	╲	╲	趙歸真	81	皇帝受籙	《舊唐書》卷十八
4	844			會昌	4	4—7	九天道場	露天	三個月	╲	趙歸真	大於81	祈禱澤潞之戰勝利，平定戰亂	《入唐求法巡禮行記》卷四
5	907	蜀王	王建	天祐	4	4	羅天大醮	╲	╲	╲	李延福、杜光庭	╲	為蜀王慶賀生日，祈求唐王朝度過滅國之災	《廣成集》卷九

年內雖然僅僅做了五次羅天大醮，但是是從出現羅天大醮之後一直延續到了唐朝末年，道教從隋代剛剛開始真正意義上的南北融合，就遭遇了隋唐朝代變革，之後歷經 150 年左右的發展又遇到了「安史之亂」，這次戰亂使得「東周之地，久陷賊中，宮室焚燒，十不存一。百曹荒廢，曾無尺椽，中間幾內，不滿千戶。[1]」，但是在「安史之亂」的末期就產生出了羅天大醮這樣的大型科儀，説明教團對於這一科儀早有準備。結合前文闡述的羅天大醮形成原因，也恰恰説明了教團的主動性。

唐代羅天大醮特點鮮明，分列如下：（1）唐代羅天大醮以禳災渡劫為主要功能；（2）唐代羅天大醮多在朝堂或臨近朝堂的露天啟建，這主要是突出羅天大醮的皇家祭祀的特性，體現統治階級的主體性。

1　〔後晉〕劉昫等：《舊唐書》卷一百二十，中華書局，1975 年，第 3457 頁。

第四章

羅天大醮在北宋的實踐

五代十國的統治者們雖然在那個戰亂年代自顧不暇，但是仍舊有不少君王對道教崇信和扶持，這維持着道脈的延續和有限的發展。在這一時期，從歷史文獻和道教文獻之中我們還沒有找到關於羅天大醮的記載。到了北宋，全國復歸於一統，北宋政權延續了唐代的儒釋道的信仰基礎。直到真宗時期，道教才藉助天書和封禪事件脱穎而出。那麼為什麼宋代初期的宋太祖和太宗沒有一開始就篤信道教呢？為了揭示這個問題，筆者將《宋史》之中北宋諸位帝王本紀中記錄的宗教因素，特別是道教和佛教的內容整理出來，雖然本紀之中的記錄儘管不是非常的詳盡，但是本紀之中記載的都是皇帝一生之中經歷的大事，具有代表性和普遍性，而且將大事件連貫起來分析，反而有助於研究問題的橫向聯繫，經過大範圍的梳理和羅列，我認為從中可以得出一些規律性的觀點。

宋太祖的表格（見表格 14）是記錄 960—976 年十六年間發生的二十次事件，其中太祖到道教太清宮和建隆觀一共 6 次，太祖到佛教的相國寺、封禪寺、開寶寺、龍興寺、廣化寺和新龍興寺共有 10 次，其中對於道教宮觀的記錄僅僅是一個字「幸」，而對於佛教的諸多寺廟則有禱雨，觀看新鐘、新塔、藏經等諸多內容，尤其是禱雨，宋代禱雨大多數是宰相的工作，而在寺觀之中禱雨在初期並不多見，由此可以看出宋太祖時期對於佛教的關注度要比道教多一些。另外，對於佛寺的發展，比如鑄造新鐘、建造新塔等增加寺廟設施的行為也要支持得多一些。由於唐代末年安史之亂和歸義軍時期的戰亂，佛道的宮觀廟宇都遭到了極大的破壞，歷朝開國時期都是比較艱苦的時候，此時還有新建的佛寺，可見對佛教的支持力度。最重要的是，經過戰火的洗禮，開寶寺中竟然還有藏經的存在。如前文所述，道教的經書可以說是銷毀殆盡，此時佛教的經書肯定是尤為珍貴的。這可能也是吸引太祖的一個原因吧。

表 14　宋太祖時期佛道大事件表

年代	年		月	日（天干地支）	事件
	年號	年份			
960	建龍	1	3	丁卯	幸太清觀。
			4	戊戌	幸太清觀。
			5	甲子	幸相國寺禱雨。
			6	丁酉	幸太清觀。
			11	丙戌	幸太清觀。
961		2	6	庚申	幸相國寺。
964	乾德	2	6	辛巳	幸建隆觀。
			7	丁酉	禁毀銅佛像。

續表

年代	年		月	日（天干地支）	事件
	年號	年份			
968	開寶	1	8	乙卯	幸相國寺。
969		2	7	丁巳	幸封禪寺。
970		3	2	庚寅	幸建隆觀。
			9	乙酉	幸開寶寺觀新鍾。
971		4	4	癸未	幸開寶寺。
972		5	11	癸亥	禁僧道習天文地理。
973		6	3	丙子	幸相國寺觀新修塔。
975		8	12	乙酉	幸龍興寺。
976		9	3	辛卯	幸廣化寺，開無畏三藏塔。
			7	丁亥	命修先代帝王及五嶽四瀆祠廟。
			8	己亥	幸新龍興寺，又幸開寶寺觀藏經。

宋太宗時期，根據表格 15，記載從 976—996 年間涉及道教的大事件 18 件，涉及佛教的 20 件。從數值上來説，兩者的地位趨於平衡。但是細細梳理，就會發現一些問題。對於佛道教，除了像宋太祖時期那樣親臨寺院，建造舍利塔來增加寺院設施，更在人員、建築、組織機構和功能方面有了較大的推進。1、人員方面。佛教方面召見了天竺僧，並且由於其功績授予了朝請大夫，試鴻臚少卿，道教方面則有華山道士丁少微、陳摶、終南隱士种放三個人，三個人是三種境

遇，華山道士丁少微不但留在宮中一段時間，而且還應皇帝的需要進獻了製作的金丹和採集的金芝等藥物。陳摶則被賜希夷先生。隱士种放對於帝王此時的徵召採取了避而不來的態度。2、建築方面。佛教由於皇帝收復并州，並改并州為太原府，則將行營作為平晉寺。道教方面則新作了蘇州太一宮、都城南太一宮，將宣祖舊地作洞真宮。3、組織機構方面。規定了沙彌隸屬西京，並由祠部發給度牒，同時禁止了僧人置妻孥現象。4、功能方面。將禱雨禱雪這樣與天界溝通的工作開始交給寺觀來做。所以若單從數量來講，太宗時期佛道發展相對平衡，但是經過上述分析，我們可以看出從實質上來說，關注的平衡已經逐漸偏向了道教。

表 15　宋太宗佛道大事件

序號	年代	年		月	日	大事件	新建宮觀	備註
		年號	年					
1	976	開寶	9	11	癸未	幸相國寺。		
2	977	太平興國	2	1	丙子	幸相國寺。		
3				2	戊午	幸太平興國寺，遂幸造船務，還幸建隆觀。		
4				3	己丑	幸開寶寺。		
5				6	乙卯	幸開寶寺。		
6				8	癸酉	以觀燈遂幸相國寺。		
7	978		3	3	壬子	幸開寶寺。		
8				4	乙卯	命羣臣禱雨，召見華山道士丁少微。		

續表

序號	年代	年號	年	月	日	大事件	新建宮觀	備註
9	979	太平興國	4	5	戊子	盡括僧道隸西京寺觀。		
10					丁酉	以行宮為平晉寺，帝作平晉記刻寺中。		
11				9	庚子	華山道士丁少微詣闕獻金丹及巨勝、南芝、玄芝。		
12				11	庚辰	放道士丁少微歸華山。		
13	981		6	4	辛未	幸太平興國寺禱雨。		
14				10	甲午	詔：作蘇州太一宮成。	蘇州太一宮	
15	982		7	9	己丑	西京諸道繫籍沙彌，令祠部給牒。		
16	983		8	5	丁卯	詔作太一宮，於都城南。	太一宮	
17	984		9	11	己未	太一宮成。		
18	984	雍熙	1	3	是月	甘露降太一宮庭。		
19				8	丁酉	親祠太一宮。		
20				4	乙酉	泰山父老詣闕請封禪，羣臣表請凡三上，許之。		
21				10	甲申	賜華山隱士陳摶號希夷先生。		
22	985		2	閏9	乙未	禁邕管殺人祭鬼及僧人置妻孥。		
23				10	丙午	以天竺僧天息災施護法天並為朝請大夫，試鴻臚少卿。		北伐

續表

序號	年代	年		月	日	大事件	新建宮觀	備註
		年號	年					
24	986	雍熙	3	11	丙戌	幸建隆觀、相國寺祈雪。		
25	987		4	12	壬寅	幸建隆觀、相國寺祈雪。		
26	989	端拱	2	8	癸亥	詔作開寶寺舍利塔成。		
27	991	淳化	2	11	己酉	幸建隆觀、相國寺祈雪。		
28	992		3	8	壬申	召終南山隱士种放，不至。		
29				9	丙申	遣官祈晴京城諸寺觀。		
30	995	至道	1	1	是月	以宣祖舊地作洞真宮成。	洞真宮	
31	996		2	12	是月	命宰相以下百官詣諸寺觀禱雪，甲寅，雨雪。		

北宋道教齋醮科儀基本沿襲了唐代的儀軌，在修道和進階的方面有孫夷中《三洞修道儀》和賈善翔《太上出家傳度儀》為代表作；在齋醮方面有杜光庭《道門範范大全》、金元中《上清靈寶大法》為代表。北宋皇帝，如太宗、真宗、徽宗親自撰寫齋醮科儀中的青詞和譜寫樂章。

北宋道派以茅山宗最盛，還有天師道一派，新建道派有天心、神霄二派，代表人物和經典為鄧有功《上清天心正法序》和神霄派祖師林靈素、王文卿。

宋真宗以後一直到北宋的結束，可以從表格 16 中看出，道教的發展出現了「井噴」現象。即使是到了歷經北齊、遼、金的長達幾十年戰亂的南宋，這種慣性也是一直顯現其中，而且一經條件成熟，慣性又變為動力。所以說宋代道教的發展應該是始於太宗，興於真宗。道教在發展的同時，給羅天大醮的發展帶來了條件和機遇。

表 16　宋真宗佛道大事件年年號

序號	年代	年		月	日	大事件	新建宮觀	備註
		年號	年					
1	997	至道	3	9	戊寅	以孔子第四十五世孫延世為曲阜縣令，襲文宣王。		
2	998	咸平	1	5	甲子	幸大相國寺祈雨，升殿而雨。		
3	999		2	閏3	甲子	幸太一宮、天清寺祈雨。		
4	1000		3	1	丁亥	幸紫極宮。		
5				9	壬辰	幸大相國寺。		
6	1001		4	1	丁亥	幸開寶寺，還御乾天門觀燈。		
7				2	丁巳	幸大相國寺、上清宮祈雨。戊午，雨。		
8				3	是月	召終南山隱士种放，辭病不至。		
9				7	壬子	幸開寶寺。		
10				閏12	己巳	幸大相國寺。		
11	1002		5	2	己丑	幸上清宮。		

續表

序號	年代	年		月	日	大事件	新建宮觀	備註
		年號	年					
12	1002	咸平	5	7	戊戌	幸啟聖院、太平興國寺、上清宮致禱。		
13					乙巳	召終南山隱士种放。		
14				9	戊申	种放對於便殿，授左司諫，直昭文館。		
15					乙卯	賜种放第宅。		
16	1003		6	11	壬寅	幸大相國寺。		
17	1005	景德	2	8	是月	遣內臣奉安太祖聖容於揚州建隆寺。		
18				9	庚午	幸相國寺傳法院觀新譯經。		
19	1006		3	4	丙子	幸開寶寺。		
20	1007		4	2	甲戌	幸上清宮，詔賜酺三日。		
21					丁酉	賜隱士楊璞繒帛。		
22				7	乙亥	交州來貢，賜黎龍廷九經及佛氏書。		
23				8	壬寅	幸大相國寺。		
24				12	己未	甘州僧翟大秦等獻馬，給其直。		
25	1008	大中祥符元年	1	1	乙丑	有黃帛曳左承天門南鴟尾上，守門卒告有司以聞。上召羣臣迎於朝元殿，啟封，號稱天書。		

續表

序號	年代	年		月	日	大事件	新建宮觀	備註
		年號	年					
26	1008	大中祥符元年	1	1	己卯	召以天書之應，申儆在位。		三四月份一直準備封禪。
27				3	壬午	文武官、將校、蠻夷、耆壽、僧道二萬四千三百七十餘人詣闕請封禪，不允。		
28				4	丙午	作昭應宮。	昭應宮	
29				6	乙未	天書再降於泰山醴泉北。		
30					壬寅	迎泰山天書於含芳園，雲五色現，俄黃氣如鳳駐殿上。		
31				9	甲子	奉天書告太廟。		
32				10	辛卯	車駕發京師，扶侍使奉天書先道。		
33					丁未	法駕入乾封縣奉高宮。		
34					辛亥	作會真宮。	會真宮	
35				11	壬戌	次中都縣，幸廣相寺。		
36					癸亥	次鄆州，幸開元寺。		
37					丁丑	帝至泰山，奉天書還宮。		
38				12	癸卯	幸上清宮、景德開寶寺。		

續表

序號	年代	年		月	日	大事件	新建宮觀	備註
		年號	年					
39	1008	大中祥符元年	1	12		詔：天下宮觀陵廟，名在地志，功及生民者，並加崇飾。		
40	1009	大中祥符元年	2	2	乙巳	幸大相國等寺、上清宮祈雨。		
41	1009	大中祥符元年	2	2	癸丑	禁毀金寶塑浮屠相。		
42	1009	大中祥符元年	2	4	己亥	以丁謂為修昭應宮使。		
43	1009	大中祥符元年	2	5	庚辰	陝西旱，遣使禱太平宮、后土、西嶽、河瀆諸祠。		
44	1009	大中祥符元年	2	6	甲午	幸昭應宮，賜修宮使器幣。		
45	1009	大中祥符元年	2	7	辛酉	復以萬安宮為滋福殿。		
46	1009	大中祥符元年	2	7	辛未	以昭應宮為玉清昭應宮。		
47	1009	大中祥符元年	2	10	甲午	詔天下置天慶觀。	天慶觀	
48	1009	大中祥符元年	2	12	辛丑	丁謂上封禪朝見祥瑞圖，劉承珪上天書儀仗圖。		
49	1010	大中祥符元年	3	4	辛酉	賜泰山隱士秦辨號真素先生，放還山。		
50	1010	大中祥符元年	3	10	辛亥	河中民獲靈寶真文。		
51	1010	大中祥符元年	3	11	己亥	幸太一宮。		
52	1010	大中祥符元年	3	12	辛酉	謁玉清昭應宮。		

續表

序號	年代	年		月	日	大事件	新建宮觀	備註
		年號	年					
53	1011	大中祥符元年	4	1	丙申	以六月六日天書再降日為天貺節。		
54					丁酉	奉天書發京師。		
55				2	丁巳	黃雲隨天書輦。次寶鼎縣奉祇宮。		
56					辛酉	是夜，月重輪，還奉祇宮，紫氣四塞，幸開元寺，作大寧宮。	大寧宮	
57					乙巳	次華州，幸雲台觀。		
58					庚午	召見隱士鄭隱、李寧，賜茶果束帛。		
59					辛未	次閿鄉縣，召見道士柴又玄，問以無為之要。		
60				3	壬午	幸上清宮。		
61					己未	錢种放歸南山。		
62				5	乙未	加上五嶽帝號，作奉神述。		
63				9	戊子	幸太清觀祈晴。		
64	1012		5	8	己未	作五嶽觀。	五嶽觀	
65				9	壬申	觀新作延安橋。幸大相國寺，上清宮。		
66				10	戊午	延恩殿道場，帝瞻九天司命天尊降。		

續表

序號	年代	年號	年	月	日	大事件	新建宮觀	備註
67	1012	大中祥符元年	5	閏10	壬申	立先天、降聖節，五日休沐，輟刑。		
68					戊寅	建景靈宮、太極觀於壽丘。	景靈宮、太極觀	
69					戊子	御制配享樂章並二舞命，文曰：發祥流慶，武曰：降真觀德。		
70				11	丙申	親祀玉皇於朝元殿。置玉清昭應宮使，王旦為之。		
71				12	戊辰	作景靈宮。	景靈宮	
72	1013		6	3	乙卯	建安軍鑄玉皇、聖祖、太祖、太宗尊像成，以丁謂為迎奉使。		
73				5	乙卯	謁聖像，奉安於玉清宮。		
74				7	癸巳	上清宮道場獲龍於香合中		
75					己酉	亳州官吏父老三千三百人詣闕請謁太清宮。		
76				8	庚申	詔來年春親謁太清宮。		
77					辛酉	以丁謂為奉祀經度制置使。		
78					丙寅	禁太清宮五里內樵採。		

續表

序號	年代	年		月	日	大事件	新建宮觀	備註
		年號	年					
79		大中祥符元年	6	8	庚午	加號太上老君混元上德皇帝。		
80				10	甲子	亳州太清宮枯檜再生，真源縣菽麥再實。		
81					癸酉	謁玉清昭應宮。		
82					壬午	降聖節賜會如先天節儀。		
83				12	壬申	獻天書於朝元殿，遂告玉清昭應宮及太廟。		
84					乙亥	幸開寶寺，上清宮。		
85					己卯	幸太一宮。		
86	1014		7	1	壬寅	車駕奉天書發京師。		
87					丙午	次奉元宮。		
88					戊申	王旦上混元上德皇帝冊寶。		
89					己酉	朝謁太清宮。是夜，幸先天觀、廣靈洞霄宮。改奉元宮為明道宮。		
90					丙辰	建南京歸德殿，作鴻慶宮。	南京鴻慶宮	
91				5	壬辰	王旦為兗州景靈宮朝修使。		
92					乙未	又為天書刻玉使。		

續表

序號	年代	年		月	日	大事件	新建宮觀	備註
		年號	年					
93	1014	大中祥符元年	7	8	甲寅	置景靈宮使，以向中敏為之。		
94					丁丑	命內臣奉安太祖、太宗聖像於鴻慶宮。		
95				9	辛卯	尊上玉皇號曰太上開天執符御歷含真體道玉皇大天帝。		
96					辛丑	幸五嶽觀。		
97				11	己巳	玉清昭應宮成，加王旦司空，修宮使。	玉清昭應宮	
98				12	己未	作元符觀。	元符觀	
99	1015		8	1	壬午	謁玉清昭應宮，奉表告尊上玉皇大天帝聖號，奉安刻玉天書於寶符閣。		
100					庚寅	置清衛二指揮奉宮觀。		
101					乙未	皇女入道。		
102	1016		9	1	丙辰	置會靈觀使，以丁謂為之，加刑部尚書。	會靈觀	
103				3	己酉	王欽若上寶文統錄。		
104				5	丁巳	向敏中為宮觀慶成使。		
105				6	戊寅	幸會靈觀，宴祝禧殿。		
106				7	丁卯	幸太清觀、天清寺。		

續表

序號	年代	年		月	日	大事件	新建宮觀	備註
		年號	年					
107	1016	大中祥符元年	9	8	丙戌	製玉皇聖號冊文。		
108				10	己卯	王欽若表上翊聖保德真君傳。		
109				11	是月	會靈觀甘露降。		
110	1017	天禧	1	1	辛丑	詣玉清昭應宮薦獻，上玉皇大天帝寶冊，衮服。		
111					乙卯	宰相讀天書於天安殿，遂幸玉清昭應宮，做欽承寶訓述於羣臣。		
112					壬戌	詔以四月旦日為天祥節。		
113					丙寅	命王旦為兗州太極觀奉上冊寶使。		
114				11	乙卯	幸太一宮，大雪。		
115	1018		2	閏4	丁未	靈泉出京師，飲者癒疾。作祥源觀。		
116	1019		3	11	己巳	謁景靈宮。		
117	1020		4	1	己巳	幸元符觀。		
118	1021		5	7	戊寅	新作景靈宮萬壽殿。		

第一節　宋真宗時代

宋真宗於至道三年（997 年）即位，乾興元年（1022 年）去世，在位 25 年，真宗時期最為著名的歷史事件，就是在景德元年（1004 年），由契丹人所建的遼國入侵，主戰派宰相寇準力排眾議極力告勸宋真宗御駕親征，雙方會戰於距首都汴京（今河南開封）三百里外的澶淵（今河南濮陽縣西），宋真宗於勝券在握的情況下決定罷兵議和，並以每年向遼進貢白銀十萬兩、絹二十萬匹，來換取與遼之間的和平，於澶州定盟和解，史稱「澶淵之盟」。這次事件暫時平息了北宋和遼之間的戰火，得到了近百年的和平，使得宋遼之間恢復了貿易往來，人民修養生息，穩定了社會秩序，繁榮了經濟。北宋雖然每年向遼進貢白銀十萬兩、絹二十萬匹，這相比較北宋王朝每年上萬萬兩的收入來說微不足道，但是北宋是在軍事優勢的情況下與遼簽訂的賠償協議，隨着經濟和軍事的日益強盛，這項喪權辱國的協定很不得民心。宋真宗為了收服民心，穩定軍心，確定和鞏固宋王朝最高權力的堡壘，只有從宗教着手解決這個問題了。

《宋史》中記載：

> 九年，詔以來年正月朔詣玉清昭應宮上玉皇聖號寶冊，二日詣景靈宮上聖祖天尊大帝徽號。十二月己亥，奉寶冊、仙衣安於文德殿，乃齋於天安殿后室。四

> 鼓，帝詣天安殿酌獻天書畢，大駕赴玉清昭應宮，袞冕升太初殿，奉冊訖，奠玉幣，薦食三獻，飲福，登歌，二舞，望燎，如祀昊天上帝儀。畢，詣二聖殿，奉上袶紗袍，奉幣進酒，分遣攝殿中監上紫微大帝絳紗袍、七元輔弼真君紅綃衣、翊聖保德真君皂袍。帝改服靴袍，詣紫微殿、寶符閣焚香，羣臣詣集禧殿門表賀。是日天書赴景靈宮，大駕次至，齋於明福殿。二日，帝服兗冕，詣天興殿奉上聖祖天尊大帝冊寶、仙衣，薦獻如上儀。乃改服詣保寧閣焚香，還宮，羣臣入賀於崇德殿。命諸州設羅天大醮，先建道場二十七日。命王旦為兗州太極觀奉上寶冊使，趙安仁副之，遣官攝中書侍郎、殿中監，押當冊寶、仙衣。二月丁亥，帝齋於長春殿。翼日，有司設聖母板位文德殿，行酌獻禮，拜授冊寶於王旦、仙衣於趙安仁，以升金輅，具鹵簿儀衛，所過禁屠宰。三月乙巳旦等詣觀奉冊上懿號曰聖祖母元天大聖後。其日，帝不視朝。禮畢，羣臣入賀，賜飲崇德殿。[1]

這次羅天大醮應該發生在宋真宗大中祥符九年（1016年），經過查閱表格15，我們發現宋真宗時期最為重要的兩件事情是天書下降和封禪泰山，而且這兩件事情既是獨立事件，但是又很巧妙地交織在一起。天書下降就是天降祥瑞，意味主宰萬物的神界對於宋王朝最高權力的授予與肯定。封

---

1 〔元〕脱脱等：《宋史》卷一百四，中華書局，1977年，第2542-2543頁。

禪：封為「祭天」，禪為「祭地」，是指中國古代帝王在太平盛世或天降祥瑞之時的祭祀天地的大型典禮。在此之前僅有秦始皇、漢武帝、漢光武帝、唐高宗、唐玄宗等五位皇帝在泰山舉行過封禪典禮，宋真宗希望通過封禪泰山讓天下黎庶沐浴在太平盛世照耀之中，穩定社會各個方面的秩序。從另一個角度來分析，由於封禪典禮的規模宏大，花費巨大，只有經濟發展到一定的階段才承擔得起封禪的費用。

大中祥符元年正月乙丑，天書初次下降，三月，文武、將校、蠻夷、耆老、僧道等三萬四千三百七十六人請皇帝封禪，不允。三月、四月間羣臣反覆上書請封禪泰山。最終訂於十月有事於泰山，四月天書又降於功德閣，六月天書再降於泰山醴泉縣。十月真宗封禪於泰山。對於天書的降臨，真宗的說法是「朕去年十一月二十七日，夜將半，方就寢，忽室中光曜，見神人星冠、絳衣，告曰：來月三日，宜於正殿建黃籙道場一月，將降天書大中祥符三篇。」[1] 根據《道門定制》卷三中記錄：

> 樞密使特行尚書吏部都檢校太傅同中書門下平章事修國史上柱國臣王欽若奏：
>
> 右臣欽若今奉聖旨，送降到羅天醮分科儀，令臣再詳校者。伏以蕭香上達，冀表於精誠，真聖下臨必期於通感，既真科之紛糅，伊道教以因，乃方屬睿明允修

1　〔元〕脫脫等：《宋史》卷一百四，中華書局，1977 年，第 2539 頁。

> 祕奧。伏惟皇帝陛下，道為稽古言必則。……羅天之醮交修，金籙之齋繼建，尚慮科儀舛誤，品位參差，爰命羽衣載刊寶秩，乃令迷昧復備，討論仰受。德音處遵。詔旨臣今已修整，列羅天聖位九卷，並修到羅天科儀集成一卷，標於卷首，但慚凡目竊覘真階。奉天徒仰於紫青，測漢莫窮於仙統，上達宸扆，稍備朝修，其羅天科儀品位共十卷，謹同上進。伏乞宣付崇文苑，三管都監劉崇超繕寫十五本，裝褫送臣處，用道藏印縫，訖降下會真、太寧、上清、太清、太平宮等處，庶今崇奉，永為福祥。[1]

這是《道藏》中記載王欽若（見表格 17）所上的奏摺，王欽若命道士們收集，自己整理編纂了《羅天科儀品位》十卷，其中第一卷是《羅天科儀集成》，應該是對於羅天大醮科儀的整理，餘下九卷為《羅天聖位》，就是在科儀之中召請的 1200 位天官的介紹。雖然沒有具體年代的記錄，但是對表格 15 對比分析，應該是宋真宗的年代，近代很多學術著作都提及這部著作，但是名稱引用比較混亂，《羅天科儀品位》應該就是真正的名稱。再通過查詢表格 14 會真、太寧、上清、太清、太平宮等五宮觀修建時間，太寧宮修建時間較晚，應該在大中祥符四年二月。此道奏章應該是在此時間之前作成的。

---

1 《道藏》第 31 冊，第 676 頁。

表 17　王欽若仕途年譜

年代	帝王	年號	時間			事件
			年	月	日	
1000	宋真宗	咸平	3	10	丙寅	以翰林學士王欽若為川安撫使。
1001			4	4	己未	以王欽若為左諫議大夫，參知政事。
1004		景德	1	閏 9	乙亥	參知政事王欽若判天雄軍府兼都部署。
1005			2	4	癸卯	置資政殿學士，以王欽若為之。
1006			3	2	己亥	王欽若知樞密院事。
1008		大中祥符	1	5	壬戌	王欽若言泰山醴泉出，錫山蒼龍現。
				8	己酉	王欽若獻芝草八千餘本。
				12	癸卯	王欽若加禮部尚書。
1010			3	4	甲戌	加王欽若戶部尚書。
				8	丁未	王欽若為禮儀使。
1011			4	3	己未	加王欽若吏部尚書。
1012			5	8	戊子	王欽若樞密使同平章事。
1014			7	6	乙亥	樞密使土欽若罷為吏部尚書。
1015			8	1	庚戌	詔王欽若等舉供奉官至殿直有武幹者一人。
				4	壬戌	王欽若樞密使同平章事。
				閏 6	庚辰	王欽若上彤管儀範。
				10	乙巳	王欽若上聖祖先天記。
1016			9	3	己酉	王欽若上寶文統錄。
				10	己卯	王欽若上翊聖保德真君傳。

續表

<table>
<tr><th rowspan="2">年代</th><th rowspan="2">帝王</th><th rowspan="2">年號</th><th colspan="3">時間</th><th rowspan="2">事件</th></tr>
<tr><th>年</th><th>月</th><th>日</th></tr>
<tr><td rowspan="2">1017</td><td rowspan="8">宋真宗</td><td rowspan="8">天禧</td><td rowspan="2">1</td><td>2</td><td>是月</td><td>王欽若加右僕射。</td></tr>
<tr><td>8</td><td>庚午</td><td>以王欽若為左僕射兼中書侍郎，平章事。</td></tr>
<tr><td>1018</td><td>2</td><td>1</td><td>戊午</td><td>王欽若等上天禧大禮記四十卷。</td></tr>
<tr><td>1019</td><td>3</td><td>6</td><td>甲午</td><td>王欽若為太子太保。</td></tr>
<tr><td rowspan="3">1020</td><td rowspan="3">4</td><td>10</td><td>壬辰</td><td>以王欽若為資政殿大學士。</td></tr>
<tr><td rowspan="2">12</td><td>己丑</td><td>王欽若加司空。</td></tr>
<tr><td>丁酉</td><td>以王欽若為山南東道節度使，同平章事。</td></tr>
<tr><td>1021</td><td>5</td><td>11</td><td>戊子</td><td>王欽若以山南東道節度使坐擅赴闕，降司農卿。</td></tr>
<tr><td>1023</td><td rowspan="2">宋仁宗</td><td rowspan="2">天聖</td><td>1</td><td>9</td><td>丙寅</td><td>以王欽若為門下侍郎，同中書門下平章事，昭文。</td></tr>
<tr><td>1024</td><td>2</td><td>11</td><td>戊申</td><td>王欽若卒。</td></tr>
</table>

另據《道門定制》卷三中另一份奏章：

御制科教師賜紫孫虛白論奏獻錢馬事

凡修齋醮，奏獻錢馬，止以質誠效信，通達真靈，若分位稍多，即諸事有闕古法。但焚柴割髮，奏幣飛章，酌水獻花，冥心懇禱，由此觀之，奏紙之法亦不假多，而獲福止在至誠矣。按道藏三籙齋者。上元金籙齋，帝王修奉，展禮配天，罷散設普天大醮，三千六百分位。中元玉籙齋，保佑六宮，輔寧妃后，罷散設周天大醮，二千四百分位。下元黃籙齋，臣庶通修，普資家國，罷散設羅天大醮，一千二百分位。

聖真位號乃大中祥符年，詔推忠協謀，同德佐理功臣，丞相王欽若重修定，頒下在京宮觀並天下名山福地收掌，以備朝廷修奉或大臣為國亦許修設，庶人不許奉修。又近降皇帝本命及天寧節，逐年七次藩方節鎮修建金籙道場，罷散設醮三百六十分位止。聖位具載新降科儀永為定式。[1]

此道奏章之中再一次提及王欽若重修的羅天大醮科儀方面的內容之中包含的聖真位號，並指出王欽若是在大中祥符年間重修編訂的，與上文指的應該是同一部著作。王欽若編修的《羅天科儀品位》明確寫出是根據「爰命羽衣載刊寶秩」，是依據道士們的整理才編修出來的，就證明在之前的黃籙道場罷散就開始設羅天大醮一千二百分位，那麼前文提及的「宜於正殿建黃籙道場一月，將降天書大中祥符三篇」這次黃籙道場也極有可能是一次羅天大醮科儀，就目前的推論我們只是不能否認這次醮儀，待將來挖掘出更多的信息，有了更加確鑿的證據，我們就可以下一個肯定的結論了。

1　《道藏》第 31 冊，第 676-677 頁。

我們還是回到大中祥符九年的這次羅天大醮，天書中提到了三個道教宮觀，玉清昭應宮、景靈宮、太極觀。這三個宮觀的基本情況見表格 15。玉清昭應宮供奉天書，景靈宮供奉聖祖，太極觀供奉聖祖母，但是在文中「命諸州設羅天大醮，先建道場二十七日」，其設立羅天大醮的位置並不是上述的三個宮觀，根據表格 15，我們得知，在大中祥符二年十月甲午，真宗詔天下設立天慶觀，這也是唯一一個詔令在諸州設立的宮觀，那麼敕修諸州的羅天大醮按照推理就應該在天慶觀舉辦。這次羅天大醮應該是歷史上啟建最為廣泛的一次。

第二節　宋仁宗時代

宋仁宗（1023 年—1063 年）在位 42 年，是兩宋時期在位時間最長的皇帝。宋仁宗知人善用，因而其在位時期名臣輩出，國家安定太平，經濟繁榮，科學技術和文化得到了很大的發展，道教也得到了很大的發展。

集禧觀崇禧殿開啟羅天大醮為貴人董氏道場青詞

伏以圓清在上，博覆無私，總裁萬化之原臨，制羣生之命屬，後宮之有請，即真館以致精祇，命羽流申發琅素，仰格至高之鑒，永綏厚祉之延。[1]

這段文獻摘自《華陽集》，作者是北宋王珪（1019 年—1085 年）「珪自禹玉，成都華陽人，後徙舒。舉慶曆二年進士第二，授大理評判事，累官翰林學士，知開封府兼侍讀學士，神宗時拜尚書左僕射門下侍郎。哲宗即位，封岐國公，卒贈太師謚。」[2] 王珪是歷經仁宗、英宗、神宗、哲宗的四朝元老（見表格 18）。文中選取的青詞是制詞中的一種，《華陽集》中的制詞分為冊文、赦文、表、御劄、青詞、密詞、默詞、醮詞、祝文、道場文、疏、齋文、薙髮文、賀詞、樂語、詔、敕書、批答、口宣、制、策問附等二十二類。其中青詞也稱青辭、綠章、綠素，是舉行道教齋醮儀式的時候獻給上天的奏章祝文。一般為駢儷體，用朱筆寫於青藤紙上，要求形式工整，文字華麗。此文體產生於唐朝，前文已經介紹。這是第一次在青詞中提及羅天大醮。《華陽集》共計錄入配有青詞的道場 85 場（其中在京諸道觀所做道場計為一場，這 85 場道場應該是按照時間順序排序的），青詞共計 116 道（見表格 19）。上述羅天大醮是為了給董貴人禳災。從表中我們可以看出，在 85 場道場中具有禳災功能道場有三次，即第 42 次在玉津園為民禳災的天皇九曜道場；第 52 次在內中福寧

1　〔宋〕王珪：《華陽集》卷十三，見《景印文淵閣四庫全書》第 1093 冊，台灣商務印書館，1983 年，第 91 頁。

2　〔宋〕王珪：《華陽集》卷一，見《景印文淵閣四庫全書》第 1093 冊，台灣商務印書館，1983 年，第 1 頁。

殿禳彗星的普天大醮道場；第 56 次於集禧觀崇禧殿舉辦的為董貴人禳災的羅天大醮。由此可以看出羅天大醮系列道場在當時是被認為具有禳災功能的，這並不是說羅天大醮的單一功能性，而是強調羅天大醮的強大的多功能性。這點由唐代羅天大醮的功能性當中也可以得出同樣的結論。

表 18　王珪仕途年譜

年代	帝王	年號	時間			事件
			年	月	日	
1042	宋仁宗	慶曆	2	3	是月	進士及第 839 人，王珪第二名。
1069	宋神宗	熙寧	3	12	丁卯	王珪參知政事。
1076			9	10	丙午	王珪為集賢殿大學士並同中書門下平章
1079		元豐	2	10	己酉	命王珪為山陵使。
1081			4	9	己亥	王珪上國朝會要。
1082			5	4	是月	以王珪為尚書左僕射兼門下侍郎。
				6	甲寅	王珪上兩朝史。
1085			8	2	戊戌	命王珪為山陵使。
					庚申	尚書左僕射郇國公王珪進封岐國公。
	宋哲宗			5	庚戌	王珪薨。

表 19 《華陽集》青詞統計

序號	地點	內容	舉辦時間	青詞道數
1	福寧殿	啟建天祺節道場		1
2	福寧殿	滿散道場（天祺節）		1
3	景靈宮英德殿看經堂	開啟道場		2
4	景靈宮	開啟火星火星出現恭謝道場		1
5	內中	開啟天慶節道場		1
6	內中福寧殿	開啟醮慧星道場		1
7	內中福寧殿	罷散禳醮彗星道場		1
8	南郊彩內大殿	開啟保安靈寶道場		1
9	坤寧宮	啟建皇太后本命道場		1
10	奉元殿	啟建皇太后本命道場		1
11	慶寧宮	啟建皇太后本命道場		1
12	太乙宮	啟建皇太后本命道場		1
13	西太乙宮	啟建皇太后本命道場		1
14	明堂內中廣聖宮	開啟靈道場寶		1
15	明堂禮成內中福寧殿	罷散恭謝道場		1
16	明堂朝謁景靈宮天興殿	聖祖奏告道場		1
17	明堂朝謁景靈宮保寧閣	元天大聖后奏告道場		1
18	明堂奏告在京諸宮	明堂奏告在京諸宮道場		1
19	內中福寧殿	開啟先天節道場		3
20	內中福寧殿	罷散		3

續表

序號	地點	內容	舉辦時間	青詞道數
21	內中福寧殿	開啟天貺節道場		2
22	內中福寧殿	罷散		2
23	內中慶瑞宮	開啟奉安九宮貴神道場		1
24	集英殿	開啟謝晴道場		2
25	慶寧宮皇后本命殿	開啟金籙道場		1
26	建隆觀翊教院	開啟皇帝本命		2
27	壽星觀	開啟皇帝本命靈寶道場		1
28	南京鴻慶宮	開啟皇帝本命道場		2
29	兖州會真宮	開啟皇帝本命道場		1
30	內中慶寧宮	開啟奉安皇帝本命道場		1
31	延祥觀	開啟皇太后本命道場		1
32	東太乙宮	開啟皇太后本命靈寶道場		1
33	建隆觀	開啟皇太后本命靈寶道場		1
34	內中建寧宮	開啟皇太后本命道場		2
35	集禧觀奉神殿	開啟祝聖壽道場		1
36	西太乙宮	開啟祝聖壽靈寶道場		1
37	集禧觀	皇太后開啟祝皇帝聖壽道場		1
38	內中延福宮穆清殿	開祝聖壽道場		2
39	內中廣聖宮	開啟祝聖壽道場		2
40	後苑太清宮	開啟祝聖壽金籙道場		2

續表

序號	地點	內容	舉辦時間	青詞道數
41	集禧觀崇禧殿	開啟年交金籙道場		3
42	玉津園	罷散為民禳災天皇九曜道場		1
43	建隆觀	開啟中元節道場		1
44	景靈宮奉真廣孝兩殿	開啟中元節道場		1
45	慶瑞宮	開啟奉安九宮太乙道場		1
46	未知	大輝皇子催生道場		1
47	壽星觀	開啟奉安真宗御容道場		1
48	夏竦南京鴻慶宮	開啟道場為奉安真宗御容		1
49	萬壽觀應福殿	開啟權奉安真宗御容道場	至和二年春正月丁卯	1
50	玉隆觀	開啟乾元節道場	至和二年夏四月己亥	1
51	內中靈厘殿	罷散乾元節道場	至和二年夏四月己亥	1
52	內中福寧殿	開啟禳彗星普天大醮道場	嘉祐元年三月壬申	1
53	醴泉觀	開啟皇太后生辰靈寶道場	至和二年十二月壬子	1
54	未知	皇后生辰		2
55	未知	皇太后生辰		2
56	集禧觀崇禧殿	開啟羅天大醮為董貴人禳災道場		1

續表

序號	地點	內容	舉辦時間	青詞道數
57	內中福寧殿	開啟三長月祝聖壽道場		1
58	內中福寧殿	罷散		5
59	東西太乙宮	開啟祈雨道場	嘉祐七年三月乙丑	1
60	集禧觀洪福殿	開啟祈雨道場		1
61	在京諸道觀	開啟祈雨道場		2
62	內中福寧殿	開啟祈晴道場		3
63	在京諸道觀	開啟祈晴道場		1
64	東西太乙宮	開啟祈晴道場		1
65	集英殿	開啟祈晴道場		2
66	相國寺	開啟祈晴道場		1
67	未知	開啟謝晴道場		1
68	內中福寧殿	開啟謝晴道場		1
69	未知	罷散謝晴道場		1
70	集禧觀	開啟仁宗百日道場	嘉祐八年六月	1
71	景靈宮孝嚴看經堂	開啟黃籙道場		2
72	福寧殿	啟建聖壽節道場	治平元年正月	1

續表

序號	地點	內容	舉辦時間	青詞道數
73	亳州太清宮	啟建聖壽節道場		1
74	靈厘殿	滿散同天節道場		2
75	崇先觀奉元殿	開啟太皇太后本命道場		1
76	建隆觀翊教院	開啟太皇太后本命道場		1
77	東太乙宮	開啟太皇太后本命道場		1
78	上清觀	啟建天寧節設醮		1
79	奉元殿	啟建皇帝本命道場		1
80	建隆觀	啟建皇帝本命道場		1
81	茅山金山	投送金龍玉簡		1
82	金山水府	投送金龍玉簡		3
83	玉京洞金華洞	投送金龍玉簡		1
84	張公洞	投送金龍玉簡		1
85	四瀆北海水府	投送金龍玉簡		2
合計				116

這次醮儀的地點設在了集禧觀崇禧殿。集禧觀原叫會靈觀，供奉三山五嶽的神靈，是汴京數一數二的大觀，1050 年仁宗皇祐二年九月己酉毀於大火，重建改名集禧觀，建成於

1053 年皇祐五年六月丙午（見表格 17）。我們從表格 19 中可以總結出 85 次道場在集禧觀崇禧殿有第 35、37、41、56、60、70 次，共計六次，然而這 85 次道場卻是在 26 個地點舉行的[1]，在集禧觀就舉辦過六次，包括祝壽、金籙、羅天大醮、祈雨，仁宗百日等道場，足見集禧觀的重要性。

表 20　宋仁宗佛道大事件

序號	年代	年		月	日	大事件	新建宮觀	備註
		年號	年					
1	1023	天聖	1	2	丁巳	奉安太祖、太宗御容於南京鴻慶宮。		
2					壬戌	減諸節齋醮道場。		
3				11	丁酉	禁兩浙、江南、荊湖、福建、廣南路巫覡挾邪術害人者。		
4	1024		2	3	丁酉	奉安真宗御容於景靈宮奉真殿。		
5				6	壬申	罷天慶、天祺、天貺、先天、降聖節宮觀燃燈。		
6				7	癸丑	奉安真宗御容於玉清昭應宮安聖殿。		

1　這 26 個地點分別為：福寧殿、景靈宮、彩內大殿、坤寧宮、奉元殿、慶寧宮、太乙宮、東太乙宮、西太乙宮、廣聖宮、集英殿、建隆觀、壽星觀、南京鴻慶宮、兗州會真宮、延祥觀、建寧宮、延福宮、後苑太清宮、亳州太清宮、玉津園、慶瑞宮、萬壽觀、醴泉觀、相國寺、靈厘殿、崇先觀。

續表

序號	年代	年		月	日	大事件	新建宮觀	備註
		年號	年					
7	1024	天聖	2	11	乙未	朝享玉清昭應、景靈宮。		
8	1026		4	10	丙申	奉安真宗御容於鴻慶宮。		
9	1027		5	2	丁丑	西域僧法吉祥來獻梵書。		
10				4	壬辰	壽寧觀火。		
11				6	甲戌	祈雨於玉清昭應宮，開寶寺。		
12				10	癸酉	奉安真宗御容於慈孝寺崇真殿。		
13				11	辛亥	朝享景靈宮。		
14					丁巳	恭謝玉清昭應宮。		
15	1028		6	1	乙酉	罷兩川乾元節歲貢織佛。		
16				3	壬戌	作西太一宮。	西太一宮	
17				9	癸卯	祠西太一宮。		
18				12	癸亥	祠西太一宮。		
19	1029		7	6	丁未	大雷雨，玉清昭應宮災。		
20					乙酉	罷諸宮觀使。		
21	1030		8	1	辛巳	作會聖宮於西京永安縣。	會聖宮	
22				5	甲寅	賜信州龍虎山張乾曜號澄素先生。		

續表

序號	年代	年		月	日	大事件	新建宮觀	備註
		年號	年					
23	1030	天聖	8	10	壬辰	奉安太祖御容於太平興國寺開先殿。		
24				3	甲寅	奉安太祖、太宗、真宗御容於會聖宮。		
25				9	癸亥	祠西太一宮，賜道左耕者茶帛。		
26				11	己丑	祈雪於會靈觀。		
27	1032	明道	1	8	癸亥	移御延福宮。		
28	1033		2	3	丁亥	祈雨於會靈觀、上清宮、景鎮開寶寺。		
29				12	乙卯	廢皇后郭氏為淨妃、玉京沖妙仙師，居長寧宮。		
30	1034	景祐	1	閏6	乙亥	毀天下無額寺院。		
31				8	壬申	詔淨妃郭氏出居在外，美人尚氏入道。		
32				11	癸丑	作大安之曲以享聖祖。		
33				12	癸酉	賜西平王趙元昊佛經。		
34	1035		2	2	戊午	御延福宮觀大樂。		
35				11	癸巳	朝享景靈宮。		
36	1036		3	7	是月	太平興國寺災。		
37	1037		4	6	己丑	奉安太祖御容於揚州建隆寺。		

續表

序號	年代	年		月	日	大事件	新建宮觀	備註
		年號	年					
38	1039	寶元	2	5	己亥	禁皇族及諸命婦、女冠尼等非時入內。		
39	1040	康定	1	6	乙未	南京鴻慶宮神御殿火。		
40				8	戊戌	禁以金箔飾佛像。		
41	1041	慶曆	1	11	甲子	朝享景靈宮。		
42	1043		3	5	庚辰	祈雨於相國寺、會靈觀。		
43				11	丙寅	上清宮火。		
44	1044		4	11	庚辰	朝享景靈宮。		
45	1045		5	2	辛亥	祈雨於相國寺、天清寺、會靈觀、祥源觀。		
46	1047		7	3	辛丑	祈雨於西太一宮，及還遂雨。		
47				4	丁未	謝雨。		
48				7	癸未	奉安太祖、太宗、真宗御容於南京鴻慶宮。		
49				11	丙申	朝享景靈宮。		
50	1050	皇祐	2	9	己酉	朝享景靈宮。		
51	1053		5	1	己巳	會靈觀火。		蠻農智高作亂
52				6	丙戌	作集禧觀成。	集禧觀	
53				11	丁卯	朝享景靈宮。		

續表

序號	年代	年號	年	月	日	大事件	新建宮觀	備註
54	1054	至和	1	4	是月	祥源觀火。		
55	1055		2	1	丁卯	奉安真宗御容於萬壽觀。		
56				12	壬子	作醴泉觀成。	醴泉觀	
57	1056	嘉祐	1	3	辛未	司天監言，自至和元年五月，客星晨出於東方，守天關，至是沒。		
58					壬申	遣官謝天地、宗廟、社稷、寺觀、諸祠。		
59				7	是月	彗出紫微垣，長丈餘。		
60				8	癸亥	是夕慧滅。		
61					甲子	出恭謝樂，肆於太常。		
62					乙亥	朝享景靈宮。		
63	1059		4	10	壬申	朝享景靈宮。		
64	1062		7	8	丁亥	奉安真宗御容於壽星觀。		
65				9	己酉	朝享景靈宮。		

董貴人當時是貴人身份，第 25 次道場中記載：在慶寧宮皇后本命殿舉行本命金籙道場。可見皇后是有自己本命殿的，貴人應該沒有這個殊榮，但是由於皇帝的寵愛，就指定在集禧觀崇禧殿為自己做禳災的羅天大醮道場，這也是非常榮耀的。根據表格對比，我確定了第 53 次在醴泉觀開啟的皇

太后生辰靈寶道場是在至和二年十月壬子，即 1055 年。第 59 次在東西太乙宮開啟的祈雨道場是在嘉祐七年三月乙丑，即 1062 年。那麼我們就把董貴人的道場鎖定在 1055—1062 年這七年間。

根據前文關於王欽若《羅天科儀品位》中關於黃籙齋罷散設羅天大醮的定式，表格第 71 次道場在景靈宮孝嚴看經堂開啟的黃籙道場罷散必定設立羅天大醮，《華陽集》中記錄這兩道青詞：

> 恭以聖澤垂鴻，覆及渺躬之禦，仙遊趣駕，迅驚流景之遷撫，遏樂之初辰，即栖真之列宇，茂敷沖式，欽繹靈文，庶格道於上圓，益侈祥於後緒。
>
> 伏以歲月易流，鐘虡如昨，哀痛未究，遽臨太祥，西望園陵，不勝摧裂。

這兩道青詞以非常沉痛的心情悼念大行皇帝，根據表格，羅天大醮舉辦的時間應該是在第 70 次，嘉祐八年六月集禧觀開啟仁宗百日道場，即 1063 年。第 72 次，治平元年正月於福寧殿舉辦英宗生日壽聖節道場，即 1064 年。黃籙道場就是在這兩次間舉辦的，也是為了悼念仁宗皇帝而設置的道場。

還有一點值得討論的是，王珪卒於 1085 年，但是表格 19 中，第 78 次道場是在上清宮啟建天寧節設醮，從表格中我們可以查到天寧節是宋徽宗的生日，建立於元符三年，也就是 1100 年，也就是說，《華陽集》中還收錄了至少王珪死後十五年的青詞，這說明《華陽集》不全是王珪所撰寫，後人肯定對其進行了補充整理。

表 21　宋英宗、神宗、哲宗時期佛道大事件表

序號	帝王	年代	年		月	日	大事件	新建宮觀
			年號	年				
1	宋英宗	1064	治平	1	4	甲午	祈雨於相國寺、天清寺、醴泉觀。	
2		1065		2	4	丙午	安仁宗御容於景靈宮。	
3					11	庚午	朝享景靈宮。	
4	宋神宗	1068	熙寧	1	1	壬辰	幸寺廟祈雨。	
5					12	庚申	以判汝州富弼為集禧觀使。	
6		1069		2	1	甲午	奉安英宗神御於景靈宮英德殿。	
7					5	丁亥	奉安仁宗、英宗御容於會聖宮及應天院。	
8					12	丙戌	增三京留司、御史台、國子監及宮觀官。	
9		1071		4	11	丁亥	作中太一宮。	中太一宮
10		1073		6	10	甲申	朝獻景靈宮。	
11					11	癸丑	中太一宮成。	
12						乙卯	親祀太一宮。	
13		1074		7	1	壬子	幸中太一宮，宴羣臣，又幸大相國寺。	

續表

序號	帝王	年代	年		月	日	大事件	新建宮觀
			年號	年				
14	宋神宗	1074	熙寧	7	8	丁丑	賜環慶安撫司度僧牒，以募粟振漢蕃飢民。	
15		1075		8	11	乙亥	以安南行營將士疾疫，禱南嶽，遣中使建祈福道場。	
16		1078	元豐	1	1	乙卯	以王安石為尚書左僕射，舒國公，集禧觀使。	
17					閏1	辛巳	以翰林侍讀學士、寶文閣學士、提點中太一宮呂公着兼端明殿學士。	
18					4	庚申	詔除九經外，餘書不得出界。	
19		1079		2	10	庚戌	罷朝謁景靈宮。	
20		1080		3	3	乙丑	工部侍郎同平章事吳充罷為觀文殿大學士，西太一宮使。	
21					9	乙酉	詔即景靈宮作十一殿，以時王禮祠祖宗。	景靈宮新作十一殿
22		1082		5	8	庚申	帝有疾。詔歲以四孟月朝獻景靈宮。	
23					10	丙辰	修定景靈宮儀。	
24					11	壬午	景靈宮成，告遷祖宗神御。	
25						癸未	初行酌獻禮。	

續表

序號	帝王	年代	年		月	日	大事件	新建宮觀
			年號	年				
26	宋神宗	1082	元豐	5		乙酉	以奉安神御赦天下。	
27		1083		6	1	丁亥	朝獻景靈宮。	
28					7	戊午	朝獻景靈宮。	
29					11	甲辰	朝獻景靈宮。	
30		1084		7	3	壬戌	詔賜鬼章寫經紙，還其所獻馬。	
31					4	丙戌	景靈宮天元殿門生芝草六本。	
32						壬辰	朝獻景靈宮。	
33					7	壬子	朝獻景靈宮。	
34					10	辛巳	朝獻景靈宮。	
35		1085		8	1	乙巳	帝不豫，命輔臣代禱景靈宮。	
36					2	辛巳	開寶寺貢院火。	
37	宋哲宗	1086	元祐	1	1	丙辰	久旱，幸相國寺祈雨。	
38					9	己未	朝獻景靈宮。	
39		1087		2	3	癸酉	奉安神宗神御於景靈宮宣光殿。	
40					10	壬午	奉安神宗御容於會聖宮及應天院。	
41						戊子	恭謝景靈宮。	

續表

序號	帝王	年代	年		月	日	大事件	新建宮觀
			年號	年				
42	元祐	1088	元祐	3	1	己未	朝獻景靈宮。	
43		1089		4	9	己卯	朝獻景靈宮。	
44		1090		5	1	丁丑	朝獻景靈宮。	
45		1091		6	9	甲辰	幸上清儲祥宮。	上清儲祥宮
46						壬子	宮成。	
47					10	庚午	朝獻景靈宮。	
48		1092		7	1	乙巳	張誠一提舉亳州明道宮。	
49					11	辛卯	朝獻景靈宮。	
50		1093		8	1	壬辰	幸太乙宮。	
51					8	丁卯	禱於嶽瀆、宮觀、祠廟。	
52		1095	紹聖	2	1	己未	還奉太平興國寺三朝御容於天章閣。	
53					9	壬寅	告遷神宗神御於景靈宮顯成殿。	
54						癸卯	謁景靈宮行奉安禮。	
55						己酉	朝獻景靈宮。	
56					10	癸酉	告遷宣仁聖烈皇后神御於景靈宮徽音殿。	
57						甲戌	謁宮行奉安禮。	
58					12	戊子	詔如元豐制孟月朝獻景靈宮。	

續表

序號	帝王	年代	年		月	日	大事件	新建宮觀
			年號	年				
59	元祐	1096	紹聖	3	1	甲辰	酌獻景靈宮，遍謁諸殿如元豐禮。	
60					4	丙子	詔自今景靈宮四孟朝獻，分為二日。	
61					9	乙卯	廢皇后孟氏為華陽教主、玉清妙靜仙師，賜名沖真。	
62		1097		4	9	癸酉	謁中太一宮為民祈福。	
63		1098	元符	1	5	癸丑	受寶，恭謝景靈宮。	
64					11	壬午	朝獻景靈宮。	
65		1099		2	5	癸亥	奉遷真宗神御於萬壽觀延聖殿。	
66					9	甲辰	幸儲祥宮。	
67						乙巳	幸醴泉觀。	
68		1100		3	1	丁丑	奉安太宗皇帝於景靈宮大定殿。	

第三節　宋徽宗時代

宋徽宗（1100 年—1125 年）在位 25 年，尊信道教，大建宮觀，自稱教主道君皇帝，他多次下詔搜訪道書，設立經局，整理校勘道籍，發行官修《道藏》。宋徽宗還親自作《御注道德經》、《御注沖虛至德真經》和《南華真經逍遙遊指歸》等書。但是從宋徽宗自封為「道君皇帝」，並僅在道教儀式中使用，而不能用於朝堂的這一行為來看，他對於道教的態度又耐人尋味。宋徽宗時期受到崇信的有方士魏漢津、泰州道士徐神翁、茅山道士劉混康、龍虎山第三十代天師張繼先、溫州道士林靈素、河南道士張虛白、天心派道士王文卿。其中林靈素對徽宗的影響最大，他久侍徽宗身邊，創立神霄派，並使徽宗頒佈旨意，於天下諸州遍建神霄宮。[1]

這次羅天大醮記錄在《道藏》中：

《鬱羅蕭台寶誥紀元》

又按神霄錄纂云：宋徽宗政和三年十月間，有旨啟建祝聖羅天大醮，時金門羽客宣和凝神，兩殿侍宸林靈素邀駕來，日觀天瑞象，次夜仙鶴盈空，天香滿席，月明如晝，上親見寶台，九層金牌玉篆，「鬱羅蕭台」四字在上，台前玉女捧香，金童持節，天丁環繞。帝指示眾仰觀，皆無所觀，惟帝與虛靖天師張真人繼先，金門羽客兩殿侍宸林真人靈素，太素大夫凝神殿宸林王真人文卿，左右街道錄東海徐真人知常等數人得見嘉祥，餘皆弗見。是夜醮散，天色如舊。天下州郡捧表稱賀，敕降

1　卿希泰主編：《中國道教史》（修訂本）第 2 卷，四川人民出版社，1996 年，第 593-607 頁。

寶台圖本，付各宮觀。時王侍宸真人慨眾目之無觀，乃慈悲而說與眾：聽汝可洗心投誠，懺悔至誠，皈向稱揚寶誥，上可祈晴禱雨，下可保國寧家，為己為人，增福延壽，禳災度厄，積日累功，朝禮數完，輾轉開化，無不如願。眾皆聽信，受持跪禮以謝。[1]

這次羅天大醮舉辦於宋徽宗政和三年十月（1113 年），主角除了徽宗之外還有金門羽客兩殿侍宸林靈素、太素大夫王文卿和左右街道錄徐知常三位當時徽宗非常寵信的道士。這次羅天大醮為祝聖所做，在記錄當中着重描寫了醮儀的瑞象，「上親見寶台，九層金牌玉篆，『鬱羅蕭台』四字在上，台前玉女捧香，金童持節，天丁環繞」這些瑞象所描述的就是大羅天內的仙境，有「鬱羅蕭台」、「玉女」，「金童」，這說明了天降祥瑞，使得人間的帝王看見仙境非一般神仙所居，而是道教最高階的仙境，天地對應，體現出了徽宗皇帝的神聖性。

《歷世真仙體道通鑒》卷五十三：

政和七年……十月，天寧節前三日建祝壽大醮，奏邀御駕。候三更，瞻見鬱羅蕭台，天仙眾真俱從太上道君親降，與陛下增壽。帝聞之齋沐，同三殿九宮宰執親

1 《元始無量度人上品妙經注解》卷下，見《道藏》第 2 冊，第 468 頁。

> 王同觀勝事。是夜，天無浮翳，月朗風清。初聞天香滿席，仙鶴翱翔，五色彩雲四合而上。仙樂聲喧，環佩振響。去地五丈餘，虛光明中閃出樓台宮殿，天丁力士、玉女金童，建節捧香繞於台畔。上有玉牌，金篆鬱羅蕭台四字。眾人皆不見，惟帝與張虛靖見之。[1]

《歷世真仙體道通鑑》中也有同《鬱羅蕭台寶誥紀元》同樣的描繪，只不過是時間改為了政和七年十月，人物僅有宋徽宗和龍虎山第三十代天師張繼先。張繼先（1092 年—1127 年），字嘉聞，又字道正，號「翛然子」，北宋末著名道士，正一天師道第三十代天師。元符三年（1100 年）嗣教，宋徽宗賜號「虛靖先生」。靖康二年（1127 年）羽化，年僅三十六歲，葬安徽天慶觀。《宋史》中記載：「政和七年……冬十月乙卯朔，初御明堂，班朔佈政。戊寅，侯蒙罷。」[2] 其中並沒有祭祀的記載，但是兩次儀式的描述非常相近，而且結論都是除了徽宗和主持道士，餘者皆不見祥瑞之兆。很有可能是一場醮儀，分作兩次使用了。

1　《道藏》第 5 冊，第 409 頁。

2　〔元〕脫脫等：《宋史》卷二十一，中華書局，1977 年，第 398 頁。

表 22　宋徽宗、欽宗時期佛道大事件年年號

序號	帝王	年代	年		月	日	大事件	新建宮觀	備註
			年號	年					
1	宋徽宗	1100	元符	3	2	辛酉	名懿親宅潛邸曰龍德宮。		
2					4	丁巳	詔范純仁等復官宮觀。		
3					8	庚子	作景靈西宮，奉安神宗神御，建哲宗神御殿於其西。	景靈西宮	
4					9	己巳	幸龍德宮。		
5					12	甲午	以太后不豫，禱於宮觀、祠廟、嶽瀆。		
6			建中靖國	1	11	戊寅	朝獻景靈宮。		
7					12	丙午	奉安神宗神御於景靈西宮大明殿。		
8						丁未	詣宮行禮。		
9		1101	崇寧	1	3	丁巳	奉安哲宗神御於景靈西宮寶慶殿。		
10						戊午	詣宮行禮。		
11					閏6	甲寅	更名哲宗神御殿曰重光。		
12					7	甲申	建長生宮以祠熒惑。		
13					10	戊辰	詔：責降宮觀人不得同一周居住。		
14		1103		2	2	癸亥	奉安哲宗御容於西京會聖宮及應天院。		

續表

序號	帝王	年代	年號	年	月	日	大事件	新建宮觀	備註
15	宋徽宗	1103	崇寧	2	4	丁卯	詔毀呂公著等景靈西宮繪像。		
16						己巳	以初謁景靈宮赦天下。		
17					6	是月	中太一宮火。		
18		1104		3	11	甲午	朝獻景靈宮。		
19		1105		4	7	辛丑	置熒惑壇。		
20					8	甲申	尊九鼎於九成宮。		
21						乙酉	詣宮酌獻。		
22		1106		5	2	丙寅	蔡京罷為開府儀同三司、中太一宮使。		
23						壬申	罷醫官兼宮觀者。		
24		1107	大觀	1	1	戊戌	幸興德禪院。		
25					6	壬戌	詔景靈宮建僖祖殿室。		
26					9	庚寅	建顯烈觀於陳橋。		
27						己酉	加上僖祖，朝獻景靈宮。		
28		1108		2	3	庚申	頒金籙靈寶道場儀範於天下。		
29					7	庚戌	罷建僖祖殿室。		
30		1110		4	1	辛酉	詔：士庶拜僧者，論以大不敬。		
31					2	庚午	禁然頂、煉臂、刺血、斷指。		

續表

序號	帝王	年代	年		月	日	大事件	新建宮觀	備註
			年號	年					
32	宋徽宗	1110	大觀	4	5	壬寅	停僧牒三年。		
33					11	乙丑	朝景靈宮。		
34		1111	政和	1	1	壬申	毀京師淫祠一千三十八區。		
35		1112		2	12	丙午	燕輔臣於延福宮。		
36		1113		3	4	乙巳	以福寧殿東建玉清和陽宮。		
37					10	戊辰	詔冬祀大禮及朝景靈宮，並以道士百人執威儀前導。		
38					11	辛巳	朝獻景靈宮。		
39						乙酉	以天神降，詔告在位，作天真降臨示現記。		
40					12	癸丑	詔天下訪求道教仙經。		
41		1114		4	1	戊寅	置道階，凡二十六等。		
42		1115		5	4	甲辰	作葆真宮。		
43						丁未	詣景靈宮。		
44					10	癸卯	以嵩山道人王仔昔為沖虛處士。		
45		1116		6	4	乙丑	會道士於上清寶籙宮。		
46					9	辛卯	詣玉清和陽宮，上太上開天執符御歷含真體道昊天玉皇上帝徽號寶冊。		

續表

序號	帝王	年代	年		月	日	大事件	新建宮觀	備註
			年號	年					
47	宋徽宗	1116	政和	9		是月	洞天福地修建宮觀，塑造聖像。		
48					11	丁酉	朝獻景靈宮。		
49		1117		7	2	甲子	會道士二千餘人於上清寶籙宮，詔通真先生林靈素論以帝君降臨事。		
50						辛未	改天下天寧萬壽觀為神霄玉清萬壽宮。		
51						乙亥	幸上清寶籙宮，命林靈素講道經。		
52					4	庚申	帝諷道錄院上章，冊己未教主道君皇帝，止於教門章疏內用。		
53					5	己丑	如玉清和陽宮，上承天效法厚德光大后土皇祇徽號寶冊。		
54						乙未	詔權龍宮室修造。		
55						癸卯	改玉清和陽宮為玉清神霄宮。		
56					12	戊辰	詔天神降於坤寧殿，刻石以紀之。		
57		1118	重和	1	3	丁酉	知建昌陳並等改建神霄宮不虔及科決道士，詔並勒停。		

續表

序號	帝王	年代	年		月	日	大事件	新建宮觀	備註
			年號	年					
58	宋徽宗	1118	重和	1	4	是月	以太上混元上德皇帝二月十五日生日為貞元節。		
59					5	乙酉	詔諸路選漕臣一員，提舉本路神霄宮。		
60						丁亥	以林靈素為通真達靈元妙先生，張虛白為通元沖妙先生。		
61						壬辰	頒御制聖濟經，以青華帝君八月九日生辰為元成節。		
62					8	辛酉	詔頒御注道德經。		
63					9	丙戌	詔太學、辟雍各置內經、道德經、莊子、列子博士二員。		
64						丁酉	用蔡京言，集古今道教事為紀志，賜名道史。		
65						是月	詔視中大夫林靈素、視中奉大夫張虛白，並特授本品真官。		
66					11	甲辰	置道官二十六等，道職八等。		
67		1119	宣和	1	1	乙卯	詔：佛改號大覺金仙，餘為仙人、大士。僧為德士，易服飾，稱姓氏，寺為宮，院為觀。		

續表

序號	帝王	年代	年		月	日	大事件	新建宮觀	備註
			年號	年					
68	宋徽宗	1119	宣和	1	3	是月	詔天下知宮觀道士與監司、郡縣官以客禮相見。		
69						甲子	知登州宗澤坐建神霄宮不虔，除名編官。		
70					5	丁未	詔德士並許入道學，依道士法。		
71						壬申	頒御制九皇二十八宿朝元冠服圖。		
72					6	甲申	詔封莊周為微妙元通真君，列御寇為致虛觀妙真君，仍行冊命，配享混元皇帝。		
73					8	丁酉	以神霄宮成降德音於天下。		
74					9	癸亥	幸道德院觀金芝。		
75					11	癸丑	朝獻景靈宮。		
76		1120		2	1	甲子	罷道學。		
77					9	乙巳	復德士為僧。		
78		1122		4	2	丙申	以旱禱於廣聖宮，即日雨。		
79					11	戊辰	朝獻景靈宮。		
80		1125		7	11	甲申	朝獻景靈宮。		
81					12	丙辰	罷延福宮。		

續表

序號	帝王	年代	年		月	日	大事件	新建宮觀	備註
			年號	年					
82	宋徽宗	1126	靖康	1	1	己巳	詣亳州太清宮，行恭謝禮。		
83	宋欽宗				2	己酉	罷宰指兼神霄玉清萬壽宮使。		
84						癸丑	种師道罷為中太一宮使。蔡攸提舉亳州明道宮。		
85					3	戊辰	李梲罷為鴻慶宮使		
86						己巳	張邦昌罷為中太一宮使。		
87						癸酉	詣景靈東宮行恭謝禮。		
88						甲戌	恭謝景靈西宮及建隆觀。		
89						乙亥	詣陽德觀、中太一宮、佑神觀、相國寺。		
90					4	是月	朝於龍德宮。		
91						壬戌	追政和以來道官、處士、先生封贈奏補等敕書。		
92					5	丙寅	朝於龍德宮。		
93					6	甲辰	路允通罷為醴泉觀使。		
94					9	癸未	賜布衣尹焞為和靖處士。		
95						庚寅	又罷李綱提舉洞霄宮。		

續表

序號	帝王	年代	年		月	日	大事件	新建宮觀	備註
			年號	年					
96	宋欽宗	1127		2	14	是月	金人下含輝門，剽掠焚五嶽觀。		
97						是月	金人掠景靈宮法器，為之一空。		

經過對上述考證，其中有幾個問題值得討論：

1. 時間：

如《鬱羅蕭台寶誥紀元》記錄這次醮儀發生在「宋徽宗政和三年十月間」，即 1113 年。通過翻閱《宋史》，發現其中記載：

> 政和三年……冬十月乙丑，閱新樂器於崇政殿，出古器以示百官。戊辰，詔冬祀大禮及朝景靈宮，並以道士百人執威儀前導。
>
> 冬十一月辛巳，朝獻景靈宮。壬午，享太廟，加上神宗謚曰體元顯道法古立憲帝德王功英文烈武欽仁聖孝皇帝，改上哲宗謚曰憲元繼道世德揚功欽文睿武齊聖昭孝皇帝。癸未，祀昊天上帝於圜丘，大赦天下。升端州為興慶府。乙酉，以天神降，詔告在位，作天真降臨示現記。己丑，以賢妃崔氏為德妃。壬辰，築祥州。己亥，詔有官人許舉八行。[1]

1　〔元〕脫脫等：《宋史》卷二十一，中華書局，1977 年，第 392 頁。

這樣我們就得知，在政和三年的十月，徽宗準備朝於景靈宮，並且擬定派遣超過百人規模的道士作為前導。而真正舉辦羅天大醮的時間應該是冬十一月「癸未，祀昊天上帝於圓丘」，由於在祭祀過程中有天神降臨，所以決定在兩天後「乙酉，以天神降，詔告在位，作天真降臨示現記」。其中作的《天真降臨示現記》就應該是《鬱羅蕭台寶誥紀元》的天寧節。（見表格 23）

表 23　北宋新增節日統計表

序號	帝號	帝王	設立日期			節日日期	節日名稱	設立原因	備註
			公元	年號	設立日期				
1	宋太祖	趙匡胤	960	建隆元年	正月	二月十六日	長春節	建國	
2	宋太宗	趙靈	976	開寶八年	五月	十月七日	乾明節	太宗生日	淳化元年改為壽寧節
3	宋真宗	趙恆	998	咸平元年	十二月	十二月二日	承天節	真宗生日	
4			1008	大中祥符元年	十一月	正月三日	天慶節	天書下降	
5			1011	大中祥符四年	正月	四月一日	天祺節	天書下降	天禎節
6			1011	大中祥符四年	二月	六月六日	天貺節	天書下降	
7			1012	大中祥符五年	閏十月	七月一日	先天節	聖祖初降	

續表

序號	帝號	帝王	設立日期			節日日期	節日名稱	設立原因	備註
			公元	年號	設立日期				
8	宋真宗	趙恆	1012	大中祥符五年	閏十月	十月二十日	降聖節	聖祖降延恩殿	
9			1017	天禧元年	正月	四月一日	天祥節	天降祥瑞	
10	宋仁宗	趙禎	1022	乾興元年	二月	四月十四日	乾元節	仁宗生日	
11			1022	乾興元年	十一月	十一月	長寧節	仁宗母親生日	
12	宋英宗	趙曙	1063	嘉祐八年	八月	正月三日	壽聖節	英宗生日	
13	宋神宗	趙頊	1067	治平四年	二月	四月十日	同天節	神宗生日	
14	宋哲宗	趙煦	1085	元豐八年	四月	四月	坤成節	太皇太后生日	
15			1085	元豐八年	十二月	十二月七日	興龍節	哲宗生日	
16	宋徽宗	趙佶	1100	元符三年	二月	十月十日	天寧節	徽宗生日	
17			1118	重和元年	四月	二月十五日	貞元節	老君生日	
18			1118	重和元年	五月	八月九日	元成節	青華帝君生日	
19	宋欽宗	趙桓	1125	靖康元年	四月	四月十三日	乾龍節	欽宗生日	

2. 人物：

在《鬱羅蕭台寶誥紀元》中一共出現了四個人物，徽宗、林靈素、王文卿、徐知常。此外，還有一個百人規模的道士集體。

林靈素（1075 年—1119 年）原名靈噩，字通叟，溫州人，北宋末年著名道士，少時曾為蘇東坡書僮。宋徽宗賜號通真達靈先生，加號元妙先生、金門羽客。著有《釋經詆誣道教議》一卷，《歸正議》九卷。是道教神霄派的重要的宗師，承接王文卿使神霄派從奠基到興盛。

王文卿（1087 年—1153 年）名俊，字予道（一說述道），號沖和子，又被稱為「王侍宸」。建昌南豐（今江西南豐）人。北宋末南宋初著名道士，神霄派創始人。

徐知常（1069 年—1154 年）字子中，北宋道士，福建建陽人。他善寫文章，長於吟詠，精通道家經典，是北宋著名的宗教畫家。政和年間（1111 年～1117 年）徐知常得到徽宗皇帝召見，賜號沖虛大夫。宣和年間任蕊珠殿侍宸。他根據道家經典的神仙故事作畫，取材全面，結構完整，富於藝術性，畫作被收入《宣和畫譜》。

王文卿是在 1125 年授太素大夫，1113 年他還沒有出道。所以他不可能參加這次醮儀。

第四節　小結

北宋從 1016 年至 1113 年 97 年間，啟建了 3 次羅天大醮，但是有一次羅天大醮是在每一州的天慶觀舉辦，由於沒有諸州修建天慶觀的統計數字，所以沒有辦法統計，但是估計也有幾十次之多。另據《華陽集》第 71 次，黃籙齋後，罷散設羅天大醮，應該也計一次。根據統計（見表格 24），北宋羅天大醮具有以下特點：（1）同唐王朝一樣，羅天大醮仍是國家祭祀的重要組成部分，但是到了北宋醮法大興，《道門定制》中對普天大醮、周天大醮、羅天大醮做了詳細的解釋，宰相王欽若更是經過對道經的整理編寫了十卷本《羅天科儀品位》，詳細描述了羅天大醮的科儀和神位；（2）羅天大醮的主體仍舊是統治階級，這種主體上的突顯比唐王朝還要強烈，道教為謀求發展只能在科儀上將羅天大醮的內容和功能更加完善。

表 24 北宋羅天大醮匯總表

序號	年份	帝號	帝王	時間			醮儀名稱	地點	醮儀歷時時間	主祀帝王或官員	主祀道士	道士人數	目的	出處
				年號	年	月								
1	1016	宋真宗	趙恆	大中祥符	9	12	羅天大醮	諸州天慶觀	27 天	╲	天慶觀主	╲	奉上聖祖天尊大帝冊寶、仙衣	《宋史》卷一百四
2	1055—1062	宋仁宗	趙禎	至和二年十月到嘉祐七年三月間			羅天大醮	集禧觀崇禧殿	╲	╲	╲	╲	為董貴人禳災	《華陽集》卷十三
3	1113	宋徽宗	趙佶	政和	3	11	羅天大醮	╲	╲	宋徽宗	林靈素、徐知常	百人	天寧節祝壽	《道藏》《元始無量度人上品妙經注解》卷下

第五章

羅天大醮在南宋的實踐

南宋高宗建立政權，在建炎年間（1127 年—1130 年）一直戰事不斷，皇帝流離失所。到了紹興初年（1131 年）局勢才逐漸趨於穩定。據宋史記載，紹興元年，高宗在越州；二年，在紹興府；三年、四年，在臨安；五年、六年、七年，在平江府；八年，在建康；九年，在臨安。從紹興十年始，也就是將主戰派的代表人物岳飛等人賜死之後與金人講和，政局開始逐步恢復穩定，人民開始休養生息，佛道教等宗教也逐漸恢復生機。南宋諸帝本紀之中佛道教發展的記載要遠遠少於北宋，一方面南宋戰事頻繁，道教發展緩慢；另一方面南宋政權吸取北宋徽宗崇道誤國的教訓，對道教嚴格管理，僅僅是利用道教為政權服務，不似北宋那般崇信。南宋以前，道教有很強烈的皇權代表性，對統治階級也有很強的依附性，這與唐前道教發展慣性是離不開的，隨着道教在唐、北宋的迅速發展，到了南宋逐漸形成了自己的體系，也深深地根植於民間，具備了自己的生存能力。

南宋道教，符籙派盛行，以龍虎天師、茅山上清、閣皂靈寶等「三山符籙」為主，還興起了東華、神霄、天心、清微等新符籙派別，這方面的學術著作較多。隨着道派和派別的創新，齋醮科儀並沒有隨着教派的派生而產生較大的變化，只是隨着新生教派而加入更多的元素。南宋道教科儀方面的學術著作不多，我除了梳理出羅天大醮啟建的時間、地點、人物等基本要素，還根據朝廷文書中的相關內容，換算出朝廷為啟建羅天大醮撥付的資金，經濟方面的分析考證對於羅天大醮研究來説是具有重要的學術意義。南宋末年南北政權的複雜形勢給道教搭建了一個充滿挑戰和機遇的舞台，也是道教發展歷史性的轉折點。

第一節　宋孝宗時代

南宋高宗（1127 年—1162 年）在位 35 年，勉強穩定住南北對峙的局面。宋孝宗（1162 年—1189 年）在位 27 年，被普遍認為是南宋最傑出的皇帝。他專心理政，從而百姓富裕，五穀豐登，太平安樂，史稱「乾淳之治」。而成肅謝皇后當然也功不可沒。她積極支持宋孝宗平反岳飛冤獄，起用主戰派人士，鋭意收復中原；整頓吏治，裁汰冗官，懲治貪污，加強集權，又重視農業生產，因而政通人和，風調雨順，呈現一片繁榮景象。隨着中原淪陷區人民日益增長的信仰需要，蕭抱珍創立了太一教，恢復了中原地區的傳統信仰。

1.《文忠集》中記載：

> 淳熙五年……《太一宮天申節設羅天醮青詞》：
>
> 伏以，天祐慈皇，備錫康寧之福，日臨誕節，更申頌禱之言，壇場普供於神天，燈燭交輝於晝夜，寥寥真境蘄垂鑒於忱衷，永永修齡願益安於榮養。[1]

周必大（1126年—1204年）生於靖康年間，卒於寧宗嘉泰四年。廬陵人，紹興二十一年進士，時年25歲。歷任高宗、孝宗、光宗、寧宗四朝為官，其一生功績卓著，剛正不阿，是一位極富才幹的政治家。無論輔佐朝廷或主政地方，他不畏權貴，文韜武略，他主張：一要強兵，整肅軍紀；二要富國，主張大力發展商貿業，以增加收入；三要安民，以民為本，減賦賑災；四要政修，要擇人才，考官吏，固職守。其著作與之前的《華陽集》相比，文筆流暢，結構鮮明，層次清晰，確實略勝一籌。

太一宮供奉太一神，「太一，為秦漢以來傳統信仰中統禦五方五帝的至上天神，居北極宮，位於天之中央，下臨中原。」[2] 北宋時期就建有東、西、中三大太一宮。太一神在中原地區有根深蒂固的信仰基礎，南宋中原淪陷，人們在金和齊的鐵蹄下民不聊生，蕭抱珍為滿足人民的信仰需

---

1 〔宋〕周必大：《文忠集》卷一百十四，見《景印文淵閣四庫全書》第1148冊，台灣商務印書館，1983年，第267頁。

2 卿希泰主編：《中國道教史》（修訂本）第3卷，四川人民出版社，1996年，第4頁。

求，解決人民的精神疾苦，創立了太一教，主要以傳統道教的符籙和符水治病的方式吸引信眾。此處太一宮為南宋政權新建。

這次醮儀是在宋孝宗淳熙五年（1178 年），根據表格 25，宋孝宗生日稱為會慶節，而宋高宗的生日為天申節，宋高宗於紹興三十二年（1162 年）六月讓位於孝宗，孝宗於 1162—1189 年在位二十七年，淳熙五年基本是在孝宗中興之際。對於天申節目前的記載多為青詞，鮮有詳細的描述。近年來，公文紙本背面文獻的研究整理逐漸引起了學術界的注意與重視，[1] 比如《洪氏集驗方》《宋人佚簡》都具有很高的版本價值，作為用宋代的公文紙印刷的古籍，其背面的宋代公文上面記載的宋代官府檔案就顯得彌足珍貴。唐宋官府的公文檔案的存留是有時效性的，有長期留存的皇家制書等重要書籍，非長留的就留十年，且三年一揀。歷經千年能夠獲得珍本古籍的機會是微乎其微的。在《宋人佚簡》中發現了一段關於天申節的申狀，其中道教的內容如下：

> 天慶觀四月十九日開啟天申聖節，祗侯朝拜須至申者。右謹具狀申聞謹狀。
>
> 隆興元年四月
>
> 日值歲道士：張日文

1　張重艷：《「公文紙本文獻整理與研究學術討論會」綜述》，見《中國史研究動態》，2013 年第三期，第 56 頁。

監齋道士：宋道淵

上座道士：鄭紹素

住持、知觀事：杜處超[1]

還有一段佛教的申狀可以加以對比：

在城興化禪院，四月十九日啟建天申聖節，須至謹具申聞者，右謹具狀申聞，伏乞照會謹狀。

隆興元年四月

日知事僧[2]

表 25 南宋新增節日統計表

序號	帝號	帝王	設立日期			節日日期	節日名稱	設立原因
			公元	年號	設立日期			
1	宋高宗	趙構	1127	建炎元年	三月	五月二十一日	天申節	皇帝生日
2	宋孝宗	趙昚	1163	紹興三十二年	十月	十月	會慶節	皇帝生日
3	宋光宗	趙惇	1189	淳熙十六年	九月	九月	重明節	皇帝生日

1 《天慶觀開啟天申聖節祇候朝拜申聞狀》，見上海市文物管理委員會、上海博物館編：《宋人佚簡》五，上海古籍出版社，1990 年。

2 《在成興化禪院啟建天申聖節申聞狀》，見上海市文物管理委員會、上海博物館編：《宋人佚簡》五，上海古籍出版社，1990 年。

續表

序號	帝號	帝王	設立日期			節日日期	節日名稱	設立原因
			公元	年號	設立日期			
4	宋寧宗	趙擴	1195	紹熙五年	九月	十月	瑞慶節	皇帝生日
5	宋理宗	趙昀	1124	嘉定十七年	八月	正月	天基節	皇帝生日
6	宋度宗	趙禥	1264	景定五年	十月	四月九日	壽崇節	皇帝生日
7	宋恭帝	趙㬎	1274	咸淳十年	七月	九月	天瑞節	皇帝生日

如前文所述，在大中祥符二年（1009 年）十月甲午，真宗詔天下設立天慶觀。歷經 154 年，期間經過多次戰亂，天慶觀竟然保留下來，實屬不易。

隆興元年是 1163 年，距離 1178 年有十五年的時間，雖然按照常理，孝宗中興之際，又在位置重要的太一宮舉辦太上皇的生日，理應非常隆重，但是隆興元年是高宗禪位的第一年，又逢新帝登基，所以 1163 年天申節的隆重程度也不會亞於 1178 年的慶祝儀式。因此 1163 年的天申節申狀記載的內容是很有借鑒意義的。天申節是五月二十一日，申狀要求道場的啟建時間是四月十九日，這樣計算天申節的道場延續時間為三十二天，也就是一個月的時間，雖然申狀之中沒有提及，但是這肯定是一筆不小的費用，這些費用肯定出自朝廷的國庫。在道教的申狀中出現了四個道士人名和五個道觀內的職稱，張日文、宋道淵、鄭紹素、杜處超，日值歲道士、監齋道士、上座道士、住持、知觀事，無論人名和職位都是按照升序排列的。其中杜處超身兼二職，既是天慶觀的主持也是知觀事。而在佛教的申狀中僅有日知事僧的頭銜，也沒有留下姓名。由此可見道教宮觀的組織機構相對於佛教還是比較完整的，由此推斷道觀的規模無論從人數還是建築應該是大於佛教。前文曾經介紹過唐代道觀設觀主一名、上座一名、監齋一名，這是觀中主要的職務。經過對比，到了南宋，宮觀的組織機構基本沒有什麼變化，職位也延續了唐代的，而且應該是更加細化了，在管理層增加了知觀事，在基層增加了值歲道士等職稱，使得宮觀管理體系日趨完善，也是宮觀規模擴大和教團迅速發展的佐證。

2.《無上黃籙大齋立成儀》卷五七記載：

《宋沖靖先生留君傳》

華文閣學士，通奉大夫，提舉江州太平興國宮，奉化郡開國侯食邑一千四百戶，食實封一伯戶高文虎撰並書

沖靖先生名用光，字道輝，姓留氏，其始河洛人也。……一日，壽康皇后殿召設大醮，為星帝千有二百，各陳幣巨璫。監護者曰：先生富矣。笑不答禮，既盡，裒星幣同楮錢燎之，推賜金。新正一宮中，殿藏數十楹輪，奐甲江南。又鈔諸部經內之藏。荒台圮觀，壞橋隳路，多所補治，惠乏周急，尤切切。若楊氏蘇於

> 燼火，翟氏伸於銓庭，拯王益於覆舟，全鄭保於非命，人尤稱之。子思氏言，至誠能盡其性，至於能盡人之性，能盡物之性。孟子言，自可欲之善，至於不可知之神。觀諸業尚沖密勤毖幽深。理心事天，所保惟嗇。道接靈鬼，仁涵死生。功聞紫清，名在玉籍。其心主乎誠，其用幾乎神。未易以道家者，流窺得法者，郭友諒之流，十餘人。……嗚呼孝宗仁矣乎。[1]

文中記載留用光的父親於上饒雲峰山攜妻子詹氏結草廬修行，拜籙於龍虎山時天師賜丹藥至有孕，生下留用光。留用光好道悟玄，受道於上清正一宮道士蔡元久，蔡元久是宣和年間官拜太素大夫和凝神殿校籍的王道堅的三世孫。留用光專修玉府五雷正一法，時值衢州大旱，留用光祈雨靈驗，孝宗召見於選德殿，賜牙簡金彩，授右街道錄，並御書「行業清高，精誠感格」賜之。寧宗時期，校訂黃籙齋科儀《無上黃籙大齋立成儀》。1206 年元旦留用光逝。

此次羅天大醮啟建的地點是壽康皇后殿，經過查閱，南宋沒有被封壽康的皇后，按封號僅有壽成皇后，「成肅皇后謝氏，淳熙三年八月十四日立為皇后……紹熙元年正月一日，恭上尊號曰壽成皇后，冊文參知政事王藺相撰。」[2]。「紹熙五年……六月……戊戌夜，壽皇帝駕崩，遺詔改重華宮為

1　《道藏》第 9 冊，第 728-729 頁。

2　《宋會要輯稿》，上海古籍出版社，2014 年，第 254 頁。

慈福宮，建壽成皇后殿於後宮，以便定省。」[1] 如果按照殿宇來說，僅有壽康宮，紹熙五年「冬十月……。庚寅，更泰安宮為壽康宮」，這是在寧宗即位之後改光宗的泰安宮為壽康宮，顯然這是帝王的寢宮，地點與醮儀中不符。據推斷，應該是《道藏》誤將「壽成皇后殿」記載為「壽康皇后殿」，從文中最後一句「嗚呼孝宗仁矣乎」可以判斷出是值孝宗駕崩之後不久壽成皇后殿剛剛建好的事情，也就是 1194 年六月之後，若按照羅天大醮之前應該設黃籙齋的推斷，很有可能是為大行皇帝孝宗而啟建的醮儀。

第二節　宋寧宗時代

宋寧宗（1195 年—1224 年）在位 29 年，這期間戰火再起，宋在沒有做好準備的情況下於 1206 年冒然攻金，最後失利賠款才平息了這場戰事。道教以茅山派和正一派教團組織活動為主，道士蔣叔與編寫了《無上黃籙大齋立成儀》。寧宗、理宗時期以休養生息為治國中心思想，重視農業生產，所以在此期間齋醮科儀中祈晴祈雨的科儀明顯增加。

1　〔元〕脱脱等：《宋史》卷三十六，中華書局，1977 年，第 709 頁。

1.《鶴林集》中記載：

《皇帝祈晴設羅天醮一千二百分位祝文》

伏以星殷仲秋，甫轉金行之度，天作淫雨致貽寶穡之災，禾且穗矣而爛於場，田皆污矣而堙於水，朕有邊烽之告警，凜乎國計之莫支，祈除邃殿之嚴，緡閲沖科之祕。伏願開豁乾象，劃劙雲根，杲日既升，盡滌羣陰之障，豐年其有，輯成五福之基。[1]

吳泳，字叔永，潼川人。嘉定元年（1208 年）進士，歷官為軍器少監、行太府寺丞、行校書郎，升祕書丞兼權司封郎官，兼樞密院編修官，升著作郎，時暫兼權直舍人院。經查《宋會要輯稿》禮一八中祈晴，僅有「慶元二年八月二日，都省言：秋雨未霽，恐妨苗稼。」[2] 符合祝文中「星殷仲秋」的條件，暫定醮儀發生在 1196 年。

2.《茅山志》卷一二記載：

三十四代宗師沖玄明一先生，姓薛諱汝積，字德夫，常州晉陵人。性簡儉，學周易、老莊，與真應先生意甚相得，真應以高士主祠尚方音問不相涉，二十餘年

1　〔宋〕吳泳：《鶴林集》卷十三，見《景印文淵閣四庫全書》第 1176 冊，台灣商務印書館，1983 年，第 118 頁。

2　《宋會要輯稿》，上海古籍出版社，2014 年，第 968 頁。

後卒，為師友傳其道統。嘉定六年癸酉地臘月，寧宗皇后楊氏用明肅太后故事，命左街監義上官德，欽賫香幣受大洞畢法，遙禮先生為度師，修羅天醮，甘露降，靈芝生，白鶴彩雲嘉瑞非一。高士劉先覺撰傳籙記。[1]

《嘉定皇后受籙之記》

……嘉定庚午午節，命左街監義臣上官德，欽緘封寶薰肅將中旨，用章獻明肅皇后故事，至華陰洞天上清宗壇傳受大洞畢法寶籙，金龍玉璧，質信禮儀，罔不畢備，上清經籙宗師臣薛汝積，實臨壇：度師臣汝積，恭承教令，潔己齋心，弛誠南嶽，結想上靈，建置王籙道場，羅天大醮，廣修齋設延供，羽衣是夕玉繩金波，昭回璇漢，祥飆瑞雪，紛鬱宮庭。翼日笙鶴翔翔，飛舞呈瑞，靈芝異草，迭產於林，炯間四方來觀莫不敬歡，猗歟成哉。……[2]

這兩段文字都是記錄在 1213 年，南宋寧宗嘉定六年五月初五地臘日，楊皇后入道拜茅山第三十四代宗師薛汝積為師，並領受上清法籙的事件。文中提到了兩位皇后，章獻明肅劉皇后和恭聖仁烈楊皇后。首先我們簡要介紹一下這兩個歷史人物，作為這次羅天大醮的背景調查。

---

1 《道藏》第 5 冊，第 607 頁。

2 《茅山志》卷二六，見《道藏》第 5 冊，第 672 頁。

章獻明肅劉皇后（968年—1033年），益州華陽（今四川省成都市華陽鎮）人，又宋真宗趙恆皇后。她是宋朝第一位攝政的皇太后，仁宗與她並沒有血緣關係，但是她卻視如己出，而且劉皇后博覽羣書，研習琴棋書畫，才華出眾。她攝政期間號令嚴明，賞罰有度，重用賢臣，完成從真宗時代到仁宗時代政權的平穩交接，為仁宗時期的繁榮打下基礎。世人常與漢呂后、唐武后並稱，但其有呂武之才，無呂武之惡，是一代明后。劉皇后也沿襲了崇道的風習，並親受法籙。《章獻明肅皇后受上清畢法籙記》中記載：「臨壇度師上清大洞法師賜紫臣朱自英撰……就江寧府茅山崇喜觀建上清皇壇，預啟御籙道場七晝夜，散日設醮三百六十分，依科傳受，訖別設謝恩道場三晝夜，設闔山道士女冠大齋一，中投送金龍、玉簡、金環、玉魚於華陽洞、燕洞、金山水府。……時天聖二年甲子歲四月戊午朔二十三日庚辰記」[1]；《茅山志》卷二十五《宋天聖皇太后受上清籙記》中的記載與前文基本一致，就是結尾處變成了「時天聖三年年甲子歲四月戊午朔二十三日庚辰記」[2]，還詳細記載了「臨壇保舉上清大洞法師臣張紹英，臨壇監度上清大洞法師茅山道正真寂大師臣蔣元吉，臨壇度師上清大洞宗師賜紫臣朱自英」，實際時間應該以碑銘《宋天聖皇太后受上清籙記》為準，即天聖三年（1025年）。在《茅山志》卷十七中也有相應的記載：「景德

1　《道藏》第18冊，第43頁。
2　《道藏》第5冊，第658頁。

三年，明真先生張紹英廬其處，明真與朱觀妙為明肅太后傳籙、保度二師。」[1]

恭聖仁烈楊皇后（1162 年—1233 年）是宋寧宗趙擴的第二任皇后，她的經歷與劉皇后頗有相似之處。楊皇后才學高、知古今、性機警，是宋理宗趙昀的養母，待宋理宗趙昀坐上了皇位，他為了感激楊皇后讓其垂簾，時年楊皇后已經 62 歲，她在垂簾聽政時期，沒有專横跋扈、干涉朝政，她把聽政看作是對她的一種尊重。待她到七十大壽時，理宗率百官在慈明殿為她祝壽並加尊號為壽明仁福慈睿皇太后。她當年主動提出退出政壇，還詔禱天地百神，大赦天下。很顯然在南宋時期劉皇后的事跡已為世人所唱誦，楊皇后於 1202 年被立為皇后，啟建醮儀是在 1213 年，她通過這次受籙的醮儀，將自己與名噪一時的劉皇后齊名，在科儀上啟建羅天大醮，設一千二百分位，超過了劉皇后的三百六十分位。她希望藉此得到更高的威望，受到世人的稱頌。從她選擇醮儀的終極性來分析，是不希望後人超越她的功績。

楊皇后選擇在茅山啟建醮儀也絕非偶然，茅山派一直與宋王朝保持着緊密的聯繫，通過兩則文獻分析，楊皇后受籙並沒有親上茅山，而是於同一日期，皇后在臨安城啟建羅天大醮，遙禮度師，領授法籙；同時薛汝積於茅山啟建羅天大醮，遙受皇后禮拜，親傳法籙。關於遙拜，章獻明肅皇后「欲祈授畢法，遙尊朱、張為度、保師，賜號：觀妙、明

1 《道藏》第 5 冊，第 625 頁。

真。建乾元、天聖兩觀以旌師資。」[1]不親上茅山，而是遙受法籙，這一傳統並非自宋代而始，《茅山志》卷十一：「七年三月十八日，玄宗受三洞經籙於大同殿，遙禮度師，賜號玄靜先生，法衣一襲以伸師資。」[2]，由此看來茅山一派從唐代開始就與王朝聯繫緊密，帝王、皇后多有受籙，宋代道教派別林立，新舊交替，而茅山派一直持續發展，遙禮這樣的形式包含了深刻意義，有的學者解釋為皇族高貴，不會去茅山受籙，但是充斥在朝堂宮廷之中的緊跟皇族身邊的道士們卻鮮有這樣的殊榮，説明茅山派雖然與最高權力保持聯繫，但是並不是如同一些新興教派那樣時常圍繞在政權周圍以期獲取最大的支持和利益。茅山派正是以這樣一種不溫不火、不追名逐利的發展態勢受到統治階級的青睞，才能保證教團的發展傳承，即使改朝換代，依舊為統治階級所重用。

第三節　宋理宗時代

宋理宗趙昀（1205 年—1264 年），在位 41 年（1224 年—1264 年）。待扶植理宗登上皇位的史彌遠死後，理宗終於得攬大權，實現胸中抱負。從端平元年（1234 年）到淳祐十二

1　《茅山志》卷二五，見《道藏》第 5 冊，第 661 頁。

2　《道藏》第 5 冊，第 602 頁。

年（1252 年）的近 20 年間，理宗在政治、經濟、軍事、文化等各方面採取了一系列改革措施，史稱「端平更化」。此時蒙古已統一了北方，並向南方步步逼近，南宋王朝處於「疆土日蹙」、「國勢阽危」之中，為了維護趙宋王朝的統治，他在崇尚理學的同時，仿效其前代君主加強崇道措施。宋理宗崇尚道教，親筆為道教勸善書《太上感應篇》題寫了「諸惡莫作，眾善奉行」。在這一時期，北方全真教正在興起，大道教也發展迅速，南方以茅山上清和正一天師道的教團和宮廷道觀的齋醮科儀和經典編寫活動為主。

1.《廬山太平興國宮採訪真君事實》卷三中說：

> 得旨為加封
>
> 九天採訪應元保運妙化真君徽號，仰管轄道士熊守中前往太平興國宮，設醮一千兩百分位，五晝夜拜奏寶章。並於壽聖廣福觀、大中祥符觀各設醮一百二十分位。降賜下項，務在如法排列，精加祈禱，即賜感通，仍賜御書，並具收領回奏。
>
> 得旨宣諭安撫制置史，尚書今令江州太平興國宮管轄熊守中齋三清閣御書及香信等於本宮設醮，並奏安誥命，仰尚書代書青詞祝版御名，及差屬官一名到宮主香。所有日分仰令熊守中供報仍具已差官職位，姓名前往回奏。嘉熙四年閏十二月日協中大夫保康軍承宣使入內內侍省副都知張延慶恭准。

真君祝版

維淳祐元年歲次辛丑二月己未朔初六日甲子

皇帝某謹遣太平興國宮管轄道士熊守中謹以清酌庶羞之奠敢昭告於，九天採訪應元保運妙化真君，品冠仙都，道高今古，綏集生靈，福流下土，運數修延，實歸宗主，撥之百神靈休為愈徽號聿崇斯為盛舉，特伸慶讚攄誠帝所用，昭告於神，聰敬一酬於觴俎尚享。

設醮意旨

嗣天子臣某伏念纘紹丕圖期光前烈茂延本式固邦家眷，茲福系之隆實，籍神功之佑，恭惟九天採訪應元保運妙化真君，天之貴神，國之主宰，千萬載垂休於宗社，五百年流福於生靈，茂着仙遊，宜崇徽號，謹備潔涓之禮用伸慶贊之忱，謹取二月初六日就江州太平興國宮命闕宮道士開建祈谷福，時齋壇五晝夜，節次拜奏寶章，闕祝周天星燈，甲子長生命燈，滿散設醮一千二百分位，延奉上真，導迎景貺，伏冀神休密佑，聖造潛扶，寧謐三邊，安全萬宇，咸睹清寧之象，早開嗣續之祥，永錫和平，更祈豐稔。[1]

1　《道藏》第32冊，第671-672頁。

這段文字比較完整的介紹了宋理宗淳祐元年（1241 年）二月初六開啟的羅天大醮的前期準備，從理宗下旨意準備啟建，到尚書命令太平興國宮管轄熊守本擇日建醮的整個過程非常清晰。這次醮儀時值「端平更化」的中興，國力日漸恢復，是為了祭祀九天採訪應元保運妙化真君，並祈願「千萬載垂休於宗社，五百年流福於生靈」，喻義國泰民安。

2.《翰苑新書別集卷九》

《太乙宮啟建明堂大禮預告祈晴道場滿散設醮一千二百分位青詞》（劉後村）

伏以秩祀抄秋，將告虔於重屋，先期浹日敢僥福於殊庭，今太史之社，筮葉從若，有司之籩豆已戒，惟陰晴未定，蓋夙夜之靡寧，宣玨綠章，仰祈蒼昊，伏願瓣香上格，列宿下臨，圓魄中天，映黃流而同色，霽華麗曉，儼玉路之無塵。[1]

劉克莊（1187 年—1269 年），初名灼，字潛夫，號後村，福建莆田縣人，初為靖安主薄，後長期遊幕於江、浙、閩、廣等地。劉後村仕途一直不順，直至理宗端平二年（1235 年）授樞密院編修官，兼權侍郎官，被免。後出知漳州，改

1 〔宋〕《翰苑新書別集》，見《景印文淵閣四庫全書》第 950 冊，台灣商務印書館，1983 年，第 90 頁。這道青詞見《後村先生大全集》，《四部叢刊》中並未收錄。

袁州。淳祐三年（1243 年）授右侍郎官，再次被免。六年（1246 年），理宗以其「文名久著，史學尤精」，賜同進士出身,景定三年（1262 年）授權工部尚書，升兼侍讀。五年（1264 年）因眼疾離職。度宗咸淳四年（1268 年）特授龍圖閣學士。第二年去世，謚文定。劉後村雖不是進士出身，但憑藉才學為朝廷所重用，說明理宗時代在人才選拔上任賢為用。南宋臨安太乙宮，據《宋史》記載：「紹興……十七年……冬十月……癸卯，建太一宮。……十八年……三月……庚辰，幸新太一宮。」[1] 另據《咸淳臨安志卷之十三》的《太乙宮》記載：「在新莊橋南。始於太平興國初，即京都祠五福太一。……紹興十七年，遂命兩浙轉運司度地建宮，十八年三月成。」[2] 說明太一宮、太乙宮即為同一宮觀，供奉五福太一之神。歷史上南宋在臨安修建了兩個太乙宮，即東太乙宮、西太乙宮。東太乙宮就是上述的太乙宮，西太乙宮據《咸淳臨安志卷之十三》的《西太乙宮》記載：「在孤山，淳祐十二年，太史局奏太乙臨梁、益，請用天聖故事建西太乙宮，有旨從之。」[3] 文獻之中提及啟建羅天大醮的應該就是紹興十七年（1147 年）十月始建，紹興十八年（1148 年）三月落成的太乙宮，即東太乙宮。但是經過耙梳《宋

1　〔元〕脫脫等：《宋史》卷三十，中華書局，1977 年，第 567 頁。

2　〔宋〕潛說友原纂修、〔清〕汪遠孫校補：《咸淳臨安志》（一）卷十三，見《中國方志叢書》華中地方，第 49 號，台北：成文出版社，1970 年，第 153 頁。

3　〔宋〕潛說友原纂修、〔清〕汪遠孫校補：《咸淳臨安志》（一）卷十三，見《中國方志叢書》華中地方，第 49 號，台北：成文出版社，1970 年，第 154 頁。

史》，發現僅有一則記載與其相對應「寶祐……二年……九月辛亥，祀明堂，大赦。辛酉，詔詣西太乙宮，為國祈祥，起居郎牟子才再疏諫而止。丙寅，詔戒外戚毋干請。詔：山陰、蕭山、諸暨、會稽四縣水，其除今年田租。」[1] 與「啟建明堂大禮預告祈晴道場」相吻合，於是判斷出於 1254 年在西太乙宮為四縣啟建祈晴道場。但是由於起居郎牟子才兩次上疏力諫，沒有舉辦，這是一次沒有如期舉行的羅天大醮。

3.《廬山太平興國宮採訪真君事實》卷三中說：

恭奉朝廷賜錢設普度醮密箚

恭奉宣渝指揮去歲兵革以來，忠亮死節戰歿之士甚多，流離橫夭傷亡之民甚眾，孤魂無依實可同念，當行普度使遂超生，四川可於重慶，兩廣當就南嶽，荊湖江西仍就江州太平興國宮，三處各修醮一千二百分位，每一處降賜沉香一百兩、腦子十兩、降真三百斤、黃臘一百斤、官會十萬貫，專差人兵管押前去，逐一交割嚴潔排辨。擇八月內啟建三晝夜已箚四川制置司、廣東經略安撫司、廣西經略安撫司、湖南安撫司、京湖制置司。景定元年六月日。

昨者韃虜不道存，食無厭、所賴人、可即戎，每戰必克，或執干戈以衛，或奪矛弧以登，未嘗臨敵，以懷

1 〔元〕脫脫等：《宋史》卷四十四，中華書局，1977 年，第 853 頁。

> 生皆欲滅此而後食，竭忠思報，視死如歸，殺氣干霄而欲腥，英魂委露而逾壯，第念形軀之已，殞痛千心，瞀以難忘。謹於八月二十五月就江州太平興國宮，修設普度大醮一千二百分，用憑道力俾遂超生。[1]

這次下詔在三處地點啟建羅天大醮，分別是在四川的重慶、兩廣取南嶽、荊湖江西取江州太平興國宮。醮儀的目的是給開慶元年至景定元年（1259 年—1260 年）間戰死的將校和枉死的流民進行超度。文中僅確定了江州太平興國宮將於景定元年八月二十五日啟建羅天大醮，行醮儀三晝夜。雖然其餘兩個地點：重慶和南嶽沒有給出確切的時間啟建醮儀，但是這裏卻給出了在當時啟建一個三晝夜羅天大醮朝廷給的費用「每一處降賜沉香一百兩、腦子十兩、降真三百斤、黃臘一百斤、官會十萬貫」，按照「今人乃以粳米一斛之重為一石，凡石者以九十二斤半為法，乃漢秤三百四十一斤也。」[2] 除官會十萬貫以外，餘下換算結果（表格 26）。除去官會的花費大概是 82 萬元左右。另宋代 1 市斤是 640 克。宋代 1 石合 92.5 宋斤，因此一石大米就有 59200 克，即 59.2 公斤。宋代的米價一直是政府調控，北宋時期大概價格是一斗 150 文左右，南宋時期地方政府為了盤剝百姓，米價等到支移時政府就獲得數倍於糴本時的價格利潤，我們大概估算為一斗 300

1　《道藏》第 32 冊，第 674-675 頁。

2　〔宋〕沈括：《夢溪筆談》卷三，見《四庫叢刊續編子部》。

文，就是一石就是 3 貫，現在的粳米按照 2 元一斤，那麼十萬貫核算現在的貨幣大概 400 萬元左右，那麼一次醮儀的花費大概在 480 萬元左右。每一天就在 160 萬元左右。這個數據亦説明羅天大醮必須建立在強大的經濟基礎之上。

表 26　香料換算表

項目	單位	數量	一兩或一斤對應的克數	共計克數	現代單價（元）	總價（元）
沉香	兩	100	40	4000	100	400000
腦子	兩	10	40	400	1000	400000
降真	斤	300	640	192000	0.1	19200
黃蠟	斤	100	640	64000	0.05	3200
合計						822400

第四節　小結

南宋從 1178 年至 1160 年 82 年間啟建了 9 次羅天大醮（見表格 22）。清代張金吾有句話形容南宋時期的道教非常貼切：「宋自南渡後，議論多而事功少，道學盛而文章衰，中原文獻實歸金源[1]，總集一書似不可少。」[2]雖然羅天大醮在南宋啟建的次數是最多的，但是與南宋末年金元道教的興盛態勢相比，其頹勢盡顯。

羅天大醮在此時期的特點：1、根據宋寧宗楊皇后入道受籙事件中的內容進行詳細分析，我們可以追溯到唐代和北宋，揭示出百年間茅山派和宮廷之間的密切聯繫。而這一事件又可以看做是全真祖庭概念的源頭；2、南宋為了積蓄力量收復失地，大力發展農業，所以氣候的變化備受關注，祈雨祈晴的儀式變得非常重要，所以羅天大醮也應用其中。3、根據 1241 年國家賞賜舉辦醮儀的香料物品和官會，換算出了與現代社會等價值的貨幣數值，可以說是一個前所未有的突破，羅天大醮原來僅僅是一個文本概念，現在直觀的體現出經濟方面的價值概念，對於現代社會啟建羅天大醮有非常重要的指導意義。

1　案：源應為元。

2　〔清〕張金吾編纂：《金文最》，中華書局，1990 年，第 1 頁。

表 27　南宋羅天大醮匯總

序號	年份	帝號	帝王	時間			醮儀名稱	地點	醮儀歷時時間	主祀帝王或官	主祀道士	目的	出處
				年號	年	月							
1	1178	宋孝宗	趙昚	淳熙	5	4	羅天醮	太一宮	一個月	＼	＼	＼	《文忠集》
2	1190	宋光宗	趙惇	紹熙	1	＼	大醮	壽成皇后殿	＼	＼	留用光	為孝宗皇帝而作	《無上黃籙大醮立成儀》
3	1213	宋寧宗	趙擴	嘉定	6	5	羅天大醮	＼	＼	楊皇后	上官德、薛汝積	寧宗皇后楊氏入道受籙	《茅山志》
4	1241	宋理宗	趙昀	淳祐	1	2	醮	太平興國宮	5 天	張延慶	熊守中	九天採訪應元保運妙化真君	《廬山太平興國宮採訪真君事實》
5	1260	宋理宗		景定	1	8	醮	太平興國宮	＼	＼	＼	度亡	《廬山太平興國宮採訪真君事實》
6		宋理宗				＼	醮	重慶	＼	＼	＼	度亡	《廬山太平興國宮採訪真君事實》
7		宋理宗					醮	南嶽	＼	＼	＼	度亡	《廬山太平興國宮採訪真君事實》
8	＼	＼	＼	＼	＼	＼	羅天醮		＼	＼	＼	祈晴	《鶴林集》
9	＼	＼	＼	＼	＼	＼	醮	太乙宮	＼	＼	＼	祈晴	《翰苑新書別集》

第六章

羅天大醮在金元（蒙古）之際（截止到南宋末年）的實踐

南宋末年，南宋王朝在大金、元的持續進攻下，已經搖搖欲墜了，雖然王朝是有邊界的，但是宗教是沒有國界的，尤其是道教在唐宋王朝的支持下，得到了長足的發展，像羅天大醮這樣的大型齋醮科儀在南宋末年就已經出現在大金和元的疆域上，是值得研究的。此時湧現出很多道派，如蕭抱珍的太一教、劉德仁的大道教、王重陽的全真教。

第一節　金代

金（1115 年—1234 年）是女真族中的完顏部所創，首領是完顏阿骨打，是滿族的前身，他稱帝於 1115 年，即宋徽宗政和五年、遼天祚帝天慶五年。金太祖完顏晟天會三年（1125 年）滅遼，翌年滅北宋。1153 年貞元元年，金海陵王完顏亮從上京遷都至燕京，即今天的北京，並且將燕京改為中都。今中都舊址位於北京城的西南。

南宋末年在金的統治地域啟建了二次羅天大醮，第一次醮儀是「金章宗泰和元年（1201 年）在亳州太清宮設羅天大醮祈皇嗣，王處一、蕭志沖等應詔主齋。」[1] 但是經過查詢原始文獻《玉陽體玄廣度真人王宗師道行碑並序》記載：「泰和改元及三年，詔兩設普天醮於亳州太清宮，度民為道士千餘人，其年玄靖逝。」[2] 文獻中沒有提及「羅天」字樣或說明建醮所設的分位，應該不是羅天大醮醮儀。

第二次醮儀記錄在《投龍碑》中，在分析文獻的時候出現了一個有趣的問題，這次醮儀有多個版本記錄，除了個別的文字錄入有誤，醮儀之中兩個主要人物李大方和劉道元的名字竟然會有出入，於是我將多個版本開列如下，以便對比分析。

1.《道家金石略》（點校版本）：

> 《投龍碑》：
>
> 大金大安三年冬十二月廿九日，宣差體元□師中都太極宮提點賜紫李大方，並煉師劉道元被旨於崇慶改元春上七日，詣太極宮羅天大醮三晝夜，千二百分。擇初四日御署青詞。五日入齋。七日子時散壇。遣官行禮載敕，高功捧玉簡金龍環璧之懇，遍詣名山大川、嶽瀆水府投送，為國祈恩，與民請福，冀兇寇不生，甘霖時作。始東封泰安嶽祠，投龍申表，即日有瑞鶴之祥，膏

1　卿希泰主編：《中國道教史》（修訂本）第 3 卷，四川人民出版社，1996 年，第 5 頁。

2　陳垣編纂：《道家金石略》，文物出版社，1988 年，第 719 頁。

雨之潤。次及天壇、濟瀆、嵩山中嶽，比皆獲雨雪之孚。再至西嶽投□，一夕雨足，來和氣，屏凶災。已而之終南太一元廟池，炷御香，焚密旨，導靈湫，晝夜小雨霏霏，次夕沛然而足。仕民歡泰，萬口一聲，皆曰賴聖天子在上，精誠所感，旋獲膏液。歲登之望，立可待也。況大方叨預皇華之遣，敬伸丹素之誠，自開元以來，七百年矣。司馬天師之後，今第二番，非世道交興，曷以得此。且朝受命，夕飲冰，敢不兢兢其職。適以假道臨潼，往回駐足華清宮，即愚舊隱之地。荷闔宮淨眾、在縣道民，具威儀，陳清奠，慶美霏，告霑足。八處降香，七獲靈應，而獨恆嶽未然，以待他日。因書之壁，敬紀聖朝神應之速，將告諸來者以激其精誠之至云。[1]

《投龍記》

宣元投龍使體玄大師、中都太極宮提點李大方廣道，同練師劉道元奉聖旨，嵩山靈嶽投送金龍，假道於此，宿仙鶴觀。賴主公鄉友宗人見勞，以清茶談心，終夜不能已也，因誦石刻端明侍郎詩天后韻，偶得拙惡，漫次其韻，呈仙鶴主人，以為後時故事。時大金崇慶改元二月春五十四日夜。（《偃師》卷下）

1 陳垣編纂：《道家金石略》，文物出版社，1988 年，第 1060-1061 頁。

《偃師金文遺文》卷下：億案：碑煉作練，遵作道，重刻者誤也。投龍在嵩山石刻金元較多，碑後詩三首即李廣道所題，婉約得風人之旨，採金詩者尚未收及，因附着之：「古人情話悦無闌，遙夜挑燈語笑間，不意得經緱氏嶺，天教有分看仙山。嚴鼓鼕鼕更以闌，炷香危坐靜吟間，因思子晉飛仙後，更有何人復此山。風馬鏗鏗清夜闌，似聞笙韻遏雲間，當年仙馭何在，不住蓬山即浪山。」[1]

2.《金文最》卷八十（點校版本）：

《投龍碑》（大安三年）[崇慶元年]

大金大安三年冬十二月廿九日。宣差體元☐師中都太極宮提點賜紫李大方並煉師劉道門被旨。於崇慶改元春上七日，詣太極宮羅天大醮三晝夜，千二百分。擇初四日御署青詞。五日入齋。七日子時散壇。

《投龍碑》崇慶元年

宣元投龍使體玄大師中都太極宮提點李太汝廣道同煉師劉道元奉聖旨。欽詣嵩山靈嶽投送金龍。假道於此。宿仙鶴觀。賴主公鄉友宗人見勞，以清茶談心，終

1　陳垣編纂：《道家金石略》，文物出版社，1988 年，第 1062-1063 頁。

2　超案：此處兩「元」字原均為「玄」，為錄文者避清諱改。又李大方原誤作李太汝，據通玄大師李君墓碑改。

夜不能已也。因誦石刻端明侍郎詩天后韻。偶得拙惡。漫次其韻。呈仙鶴主人。以為後時故事。時大金崇慶改元二月春五十四日也。石刻拓本［偃師縣志］[1]

3. 兩則記載：

（1）《金文最》卷四十：

《投龍碑》（大安三年）：

大金大安三年冬十二月廿九日，宣差體元□師中都太極宮提點賜紫李大方，並煉師劉道門被旨於崇慶改元春上七日，詣太極宮羅天大醮三晝夜，千二百分。擇初四日御署青詞。五日入齋。七日子時散壇。

《投龍碑》崇慶七年

宣元投龍使體玄大師中都太極宮提點李太汝廣道，同煉師劉道元，道奉聖旨欽詣嵩山靈嶽投送金龍。假道於此。宿仙鶴觀。賴主公鄉友宗人見勞，以清茶談心，終夜不能已也。因誦石刻端明侍郎詩天后韻。偶得拙惡。漫次其韻。呈仙鶴主人。以為後時故事。時大金崇慶改元二月春五十四日也。（石刻拓本，以上原列卷八十。）[2]

---

1 〔清〕張金吾編纂：《金文最》，中華書局，1990 年，第 1175 頁。

2 〔清〕張金吾輯：《金文最》卷四十，見《續修四庫全書》第 1654 冊，上海古籍出版社，2002 年，第 537 頁。

（2）《偃師金石遺文補錄》卷十三：

《投龍記》（存正書重刻在縣南緱氏鎮仙鶴觀）

宣元投龍使體玄大師中都太極宮提點李太汝廣道，同練師劉道元，道奉聖旨欽詣嵩山靈嶽投送金龍。假道如此，宿仙鶴觀。賴主公鄉友宗人見勞，以清茶談心，終夜不能已已。因誦石刻端明侍郎詩天后韻，偶得拙惡，漫次其韻，呈仙鶴主人，以為後時故事。歲大金崇慶改元二月春五十四日也。[12]

4.《偃師縣志》卷二十八中《金投龍記》記載（正書重刻在縣南緱氏鎮仙鶴觀）：

宣元投龍使體玄大師中都太極宮提點李太汝廣道，同練師劉道元，道奉聖旨欽詣嵩山靈嶽投送金龍。假道於此，宿仙鶴觀。賴主公鄉友宗人見勞，以清茶談心，終夜不能已已。因誦石刻端明侍郎詩天后韻，偶得拙

1　《偃師金石遺文補錄》卷十三，見《續修四庫全書》第913冊，上海古籍出版社，2002年，第254頁。

2　億案：碑煉作練，遵作道，重刻者誤也。投龍在嵩山石刻金元較多，或莫知其所起，考隸續載魏修《老子廟詔碑》，下方有唐開元天寶間題字數十行及真源縣令邵昕記祠醮投龍等事，然則投龍之起所，從來已遠，而事顧不知，考其於記載為疏也。碑後詩三首即李廣道所題，婉約得風人之旨，採金詩者尚未收及，因附著之。

惡，漫次其韻，呈仙鶴主人，以為後時故事。歲大金崇慶改元二月春五十四日也。[12]

根據附錄表格 28，《道家金石略》《金文最》和《續修四庫全書》以及《偃師縣志》中一共有五個版本。其中以備註中 1、2 的文獻為最早，是在河南省偃師縣仙鶴觀中發現的，武億就將《金投龍記》改成了《投龍記》，「假道於此」變成了「假道如此」，但是人名仍舊是「李太汝」和「劉道元」。備註 3、4 是《金文最》一百二十卷本和《金文最》六十卷本。由「石刻拓本，以上原列卷八十」這句話可知，六十卷本是在一百二十卷本之後的，最後就是《道家金石略》版本。再對比《偃師金石遺文補錄》和《金文最》一百二十卷本。這時大安《投龍碑》出現了，相比之下《投龍記》改成了《投龍碑》，「存正書重刻在縣南緱氏鎮仙鶴觀」改成了「崇慶元年」，「道奉聖旨」改成了「奉聖旨」，「假道如此」變回了「假道於此」，「歲大金崇慶改元」改成了「時大金崇慶改元」，但是後者加上了「石刻拓本［偃師縣志］」。這時大安《投龍碑》出現了，上面的煉師就是「劉道門」。再來對比《金文最》

1 〔清〕湯毓倬修、孫星衍纂：《偃師縣志》，見《中國方志叢書》，華北地方，第 442 號，台北：成文出版社，1976 年，第 1562 頁。

2 億按：碑煉作練，遵作道，重刻者誤也。投龍在嵩山石刻金元較多，或莫知其所起，考隸續載魏修《老子廟詔碑》，下方有唐開元天寶間題字數十行及真源縣令邵昕記祠醮投龍等事，然則投龍之起所，從來已遠，而事顧不知，考其於記載為疏也。碑後詩三首即李廣道所題，婉約得風人之旨，採金詩者。（尚未收及，因附著之。）

表 28　五種版本文獻對比表

文獻名稱	作者	文獻年代	金石名稱	年代	年號	年份	人物		金石名稱	年代	年號	年份	人物		備註（版本排列順
							太極宮提點	煉師					太極宮提	煉師	
《道家金石略》	陳垣編纂，陳智超、曾慶瑛校補	1998	《投龍碑》	1211	大安	3	李大方	劉道元	《投龍記》	1211	崇慶	1	李大方	劉道元	5
《金文最》（一百二十卷）卷八十	清代張金吾編纂	1990	《投龍碑》	1211	大安	3	李大方	劉道門	《投龍碑》	1212	崇慶	1	李太汝廣道	劉道元	3
《續修四庫全書》《金文最》（六十卷）卷四十	清代張金吾編纂	2002	《投龍碑》	1211	大安	3	李大方	劉道門	《投龍碑》	1218	崇慶	7	李太汝廣道	劉道元	4
《續修四庫全書》《偃師金石遺文補錄》卷十三	武億、錢坫	2002	\	\	\	\	\	\	《投龍記》	1212	崇慶	1	李太汝廣道	劉道元	2
《中國地方志叢書》《河南省·偃師縣志》卷二十八：金石錄	清代湯毓倬修，孫星衍纂	1976	\	\	\	\	\	\	《金投龍記》	1212	崇慶	1	李太汝廣道	劉道元	1

一百二十卷本和《金文最》六十卷本，大安《投龍碑》基本沒有出入，但是仙鶴觀的碑銘就有了變化，「崇慶元年」改成了「崇慶七年」，「奉聖旨」改回了「道奉聖旨」。《金文最》六十卷本與《道家金石略》對比，大安《投龍碑》「劉道門」改成了「劉道元」，並註明了「此處兩『元』字原均為『玄』，為錄文者避清諱改」，仙鶴觀的《投龍碑》中「李太汝廣道」改成了「李大成」，並註明了「又李大方原誤作李太汝，據通玄大師李君墓碑改」，《通玄大師李君墓碑》已經列在了後文。脈絡已經基本梳理清楚了，由於仙鶴觀《金投龍記》和大安《投龍碑》是在兩個地方出現，也是出現在兩個文獻之中，仙鶴觀的《金投龍記》最初出現在《偃師縣志》中，當中人物名字是「李太汝廣道」和「劉道元」。而大安《投龍碑》最初出現在《金文最》一百二十卷本之中，當中人物名字是「李大方」和「劉道門」。之後《金文最》六十卷版本如實地將名字錄入正確，但是仙鶴觀《金投龍記》的年份卻由「崇慶元年」改成了「崇慶七年」。最後再來看《道家金石略》，根據《通玄大師李君墓碑》記載，李大方，「君諱大方，字廣道，世為汾西人。」所以將「李太汝廣道」改成「李大成」是沒有問題的。

但是大安《投龍碑》和仙鶴觀《金投龍記》中的「劉道門」、「劉道元」是否為同一個人？是不能妄下定論的。「劉道元」的「元」字，在此處解釋為「玄」字，原因是錄文者為避康熙諱，這種說法符合歷史慣例。但是「劉道門」的「門」字也是避諱是沒有慣例的。1、兩個文獻不是出於一處，事件也不是同一個事件，時間間隔相差兩個月，不能草率的將兩人認作一人；2、為了避諱而將「玄」字改為「元」，但是一個人不可能為了避諱將一個名字改成兩個名字；3、這樣做既會產生歧義也會誤導使用文獻的人，得出錯誤的結論。因為根據目前掌握的資料，確實有一個名叫劉道元而且很有可能與李大方之間有關聯性。

文中提到了兩位道教人物，一個是太極宮提點賜紫李大方，一個是煉師劉道元。李大方，「君諱大方，字廣道，世為汾西人。父以藥為業。母管氏，妊十二月，夢神人捧日照其室，已而君生。弱不好弄，言語動作率非嬰兒所當有者，家人異焉。七歲入道，師沖佑觀道士郭師禮。……年十二，以誦經通得度，即辭師往趙城，讀書天寧道院。……大定初遊關中，道風藹然，有鶱飛不羣之目。講師郝君道本，名重一時，一見君即以大氣許之。及郝被召，君佩上清三洞祕籙，主盟秦雍者餘二十年。泰和七年春，詔以君提點中都太極宮事，賜號體玄大師。俄被旨，以祈嗣設大醮，……衛紹王大安初，召君馳驛詣嶽瀆，投金龍玉冊，為民求福。賜雲錦羽衣，仍佩金符，加號通玄大師。……貞祐南渡，君還居鄉邑，因自號北山退翁，……壬午秋，避兵清涼山。……春秋六十有四，實元光元年九月二十二也。」[1]，另「平陽歲旱，請

1　〔金〕元好問：《通玄大師李君墓碑》，見狄寶心校註《元好問文編年校注》，中華書局，2012 年，第 730-731 頁。

禱雨，即大澍，復加號龍崗真人。墓在城西一里。」[1] 為了在道學上有更高的造詣，辭別沖佑觀郭師禮，去位於趙城天寧道院繼續深造。

劉道元，名夔，「崇安人，宋祥符八年進士，由屯田員外郎權侍御史，歷官江浙淮南轉運使，知陝州、廣州，有廉名，帥湖南，平桂陽寇。京東盜起，又知鄆州，發廩賑貸，盜以衰息。後知福州改建州，致仕英宗，立遷吏部，卒嘗築室武夷四曲，曰觀山亭，自號山北居士。年逾八旬，先期作遺表，計祿分結親族，曰：吾某日逝矣。富鄭公稱為異人。范文正公曰：高風孤獨，賀監以後一人而已。所著有文選筆粹，晉書指掌，春秋褒貶，志及武夷山志。」[2] 劉道元是最初編寫武夷山志的人。

我們先來分析與李大方有着密切關係的兩個地點：劉大方的恩師郭師禮曾經常住的沖佑觀和後期李大方學道的趙城天寧書院。

沖佑觀位於武夷山一曲（見表格 29），是武夷山第一道觀。趙城位於南宋、金時期的河東北路與河東南路之間的平陽府的北偏東的方向，也是平陽府的中心位置。[3] 據查《平陽

---

1 《雍正平陽縣志》（二）卷二十六，見《中國地方志集成》，山西省縣志輯，第 45 號，鳳凰出版社，第 102-103 頁。

2 《武夷山志》卷十七，見高小健、張智主編：《中國道觀志叢刊正續編》第 34 冊，廣陵書社，2015 年，第 1103-1104 頁 .

3 譚其驤主編：《中國歷史地圖集．宋、遼、金時期》，中國地圖出版社，1996 年二版，第 56 頁。

縣志》，趙城沒有天寧書院，僅有天寧觀，「在桂林坊，一名萬壽宮，宋太平興國五年建。」[1]（見表格 28）利用手裏掌握的資料，我們可以為兩個人的經歷做一張表格進行對比（見表格 30），李大方比劉道元晚了 70—80 年的時間，所以兩個人不可能站在同一個舞台上。但是通過劉大方—郭師禮—沖佑觀—武夷山—劉道元這一線路確實可以將兩人聯繫起來，也可以大膽地揣測李大方是知道劉道元的，而且從劉道元號北山居士，李大方號北山退翁來說，李大方很有可能對劉道元懷有敬意。雖然我們沒有更多的史料確定出劉道門、劉道元、劉道玄是否是一個人，但是我們將文獻的脈絡梳理清楚，只待出現更多的線索再進行更深入的考證。

表 29　沖佑觀年譜

年份	朝代	帝王		時間		名稱	事件
		帝號	姓名	年號	年		
前 140 —前 88	漢	漢武帝	劉徹	建元 —征和	＼	祭壇	以乾魚來祭祀武夷君。
742 —714	唐	唐玄宗	李隆基	天寶 中期	7	天寶殿	開始在水邊建造房屋。
909 —924	閩	王審知	王審知	開平 —同光	＼	武夷觀	王審知在天寶殿的基礎上增加、修飾。

1　《雍正平陽縣志》（二）卷三十三，見《中國地方志集成》，山西省縣志輯，第 45 號，鳳凰出版社，第 147 頁。

續表

年份	朝代	帝王		時間		名稱	事件
		帝號	姓名	年號	年		
944	南唐	元宗	李璟	保大	2	會仙觀	李璟的弟弟良佐辭去榮華在此修煉，敕封演道沖和先生，並移到現址建觀。
999	北宋	宋真宗	李恆	咸平	2	沖佑觀	御書匾額沖佑二字。
1009	北宋	宋真宗	李恆	大中祥符	2	沖佑觀	增加建設三百間房，賜良田百斛。
1022—1077	北宋	宋真宗、宋仁宗、宋英宗、宋神宗	╲	乾興—熙寧	╲	沖佑觀	派使臣投金龍玉簡二十次。
1095	北宋	宋哲宗	趙煦	紹聖	2	沖佑觀	有仙鶴雲集於觀內，大規模建築宮殿。
1098	北宋	宋哲宗	趙煦	元符	1	沖佑觀	由於仙蛻祈雨靈驗，賜錢八十萬貫，賜建陽田十頃。
1229	南宋	宋理宗	趙昀	紹定	2	沖佑觀	道籙江師隆重修一新，增加了殿、宇、堂、厨、廊。

續表

年份	朝代	帝王		時間		名稱	事件
		帝號	姓名	年號	年		
1328	元	泰定帝	孛兒只斤也孫鐵木耳	泰定	5	萬年宮	由觀改宮。
1368	明	＼	＼	＼	＼	沖元觀	仍改回觀。
1439	明	明英宗	朱祁鎮	正統	4	沖元觀	失火後又被兵搶掠，焚毀。
1457—1487	明	明英宗、明憲宗	朱祁鎮、朱見深	天順—成化	＼	沖佑觀	雖歷經修葺，但沒有恢復原貌。
1504	明	明孝宗	朱佑樘	宏治	17	沖佑觀	道會詹文皓募集資金進行修繕。
1525	明	明世宗	朱厚熜	嘉靖	4	沖佑觀	失火。
1526	明	明世宗	朱厚熜	嘉靖	5	沖佑觀	沖佑觀提點詹本初花巨資修復。
1528	明	明世宗	朱厚熜	嘉靖	7	沖佑觀	歷經兩年，修繕一新，稱為名山巨構。
1900前後	清	＼	＼	＼	＼	沖佑觀	清末邑人朱敬熙重修，但是良田已經荒蕪，殿堂破敗。
民國至今	＼	＼	＼	＼		＼	改為科技學院。至今僅存遺址。

表 30　李大方與劉道元對比

人物	紀年	年齡	事件	人物	紀年	年齡	事件
李大方	1158	1	出生	劉道元	995	1	出生
	1165	7	入道		1015	20	進士
	1170	12	趙城天寧觀		1064—1067	69—72	英宗朝為官
	1186—1206	28—48	遊歷		1080	85	卒
李大方	1207	49	提點太極宮		劉道元年表根據高小健、張智主編《中國道觀志叢刊正續編》，第 34 冊，廣陵書社，2015 年，第 1103-1104 頁，劉道元介紹編纂。		
	1222	64	卒				

在被皇帝徵召之前，劉大方一直在陝西中西部和甘肅東南部活動，而且通過其佩戴上清三洞祕籙，可以斷定李大方曾經受籙。而且他也不是躲避兵禍才去的中都，而是奉詔前往，他不但在道教內有一定的名氣，在當代名儒、士大夫等精英階層也有一定的聲望，竹溪黨公世傑、黃山趙公文儒、黃華王公子端、大丞相莘國胥公於壬午慎許可，都與劉大方交往甚厚。而且，「衛紹王大安初，召君馳驛詣嶽瀆，投金龍玉冊，為民求福。」也再一次印證了《投龍碑》記載之事。

關於太極宮，「泰和二年（1202 年）罹於火災，焚燒殆盡。翌年再建，改為太極殿，金史卷十一曰：泰和三年十二月賜天長觀額為太極宮。宣宗貞祐二年（1215 年）國勢不振，還都於汴。太極宮亦為廢墟。元代丘長春再興之。以至今日。」[1] 太極宮就是當代全真派龍門派第一祖庭白雲觀的前身。

大金大安三年是 1211 年，金主是衞紹王完顏永濟，當時是南宋寧宗嘉定四年，而且如前文所述在兩年後嘉定六年，即 1213 年，楊皇后於茅山入道受籙啟建羅天大醮。一個道教組織的兩位籙生，分別在兩個敵對國之中，一個是既是道士也是儒生，一個貴為皇后，一個是精英階級，一個是統治階級，一個主持羅天大醮，一個參與羅天大醮。宗教的魅力彰顯其中了。

第二節　元（蒙古）時代

元朝由蒙古族元世祖忽必烈於 1271 年所建，次年定都大都（今北京市），1279 年滅南宋，完成統一。

---

1 〔日〕小柳司氣太編：《白雲觀志》卷一，見高小健、張智主編：《中國道觀志叢刊正續編》第 1 冊，廣陵書社，2015 年，第 42 頁。

1.《終南山祖庭仙真內傳》卷下說：

《真常真人》

甲辰春正月，上遣使就宮會集諸路高道作普天醮，敕師濟度海內亡魂，賜黃金五百兩、白金五千兩，凡龍璧環鈕、鎮信之物、焚獻香燈，並從官給。[1]

2.《甘水仙緣錄》卷五說：

《玄門弘教白雲真人綦公道行碑》

戊戌春太宗英文皇帝，詔選高道從掌教真常李公被詔赴闕。是歲冬，奉旨輔洞真於公，偕無欲李公，復立終南祖庭提點陝西教事。庚子春，遂入長安從府僚之請也，建立大玄都萬壽宮，若驪山之白鹿，終南之太一，樊川之白雲，鳳棲原之長生，藍田之金山，皆斥其舊而新之，其餘宮觀修廢補弊不可殫。紀秋，太傅移剌公總管田侯各差官從公持疏，詣燕邀請清和大葬祖師即畢，甲辰春，先鋒使夾谷公祖庭設羅天大醮，禮請於洞真、宋披雲、薛太霞、洎公與李無欲，共成五位真人攝行醮事。[2]

---

1 《道藏》第 19 冊，第 536 頁。

2 《道藏》第 19 冊，第 766 頁。

上文兩段引文中關於甲辰年春，即元太宗三年（1244年），李真常等五位真人（見表格 31）在大玄都萬壽宮啟建羅天大醮，從表格可以看出這五位真人都是當時的高道和全真派的中流砥柱。全真教的創立，在張廣保《全真教的創立與歷史傳承》和趙衛東《金元全真教史論》中已經闡述的非常透徹，此處，我僅想贅述全真教的祖庭創立的意義，「考祖庭之名，源於馬丹陽『祖庭心死』的手書。」[1]，在全真教內部有三大祖庭之說：山西永濟的永樂宮（呂祖）；陝西戶縣的重陽宮（王重陽祖師）；北京的白雲觀（丘祖）。張廣保總結的是：金代祖庭陝西戶縣大重陽萬壽宮；東祖庭山東昆嵛山東華宮和山西永濟純陽萬壽宮；祖宮陝西終南山宗聖宮和亳州太清宮。兩種說法都有道理。前者從意義上判定，後者從實際出發。祖庭建立，全真教教團組織就會團結得更加緊密了，從以上五位高道同時參加科儀，既說明道教人才濟濟，團結一心。從「……若驪山之白鹿，終南之太一，樊川之白雲，鳳樓原之長生，藍田之金山，皆斥其舊而新之，其餘宮觀修廢補弊不可殫。」可以看出除了大玄都萬壽宮，還修葺了驪山白鹿宮、終南山太一宮、樊川白雲觀、鳳樓長生觀、藍田金山觀等道教宮觀，由此也可以看出宮觀修繕一新，教團也逐漸脱離了統治階級的直轄管理。

1　張廣保：《全真教的創立與歷史傳承》，中華書局，2015 年，第 18 頁。

表 31　五真人

姓名	年代		字	道號	祖籍	派別	師承	事跡		著作
	生	卒						時間	內容	
李志常	1193	1256	浩然	真常子	觀城（河南范縣）	全真	丘處機	1227	太祖任為都道錄兼領長春宮事。	《長春真人西遊記》《又玄集》
								1238	太宗嗣主道教事，加號「玄門正派嗣法演教真常真人」。	
								1251	憲宗賜金符寶誥。	
								1261	元世祖追贈「真常上德宣教真人」。	
宋德方	1183	1247	廣道	披雲子	萊州掖縣（山東掖縣）	全真	劉處玄、丘處機	1224	長春宮提點。	《玄都寶藏》，《樂全前後二集》
								1237	太宗時期，尊丘處機遺志，收集道書。	
								1245	刊成《玄都寶藏》，賜號「玄都至道真人」。	
								1270	追贈「通玄弘教披雲真人」。	
薛致玄	1240前後	＼	庸齋	太霞子	＼	＼	＼	1240	隱居華山	《道德真經藏室纂微手鈔》
								1307	常駐崆峒山	
								1309	出版《道德真經藏室纂微手鈔》，年逾古稀。	

續表

姓名	年代		字	道號	祖籍	派別	師承	事跡		著作
	生	卒						時間	內容	
綦志遠	1190	1255	子玄	白雲真人	萊州掖縣（山東掖縣）	全真	丘處機	1167	建龍翔觀，敬奉王重陽和西遊諸真人。	╲
								1218	住持萊州昊天觀，丘長春西遊，綦隨性侍奉。	
								1225	住大長春宮，知宮門事，賜授「清真大師」。	
								1234	奉旨輔助於洞真立終南祖庭，提點陝西諸路道教事。	
								1240	建立大玄都萬壽宮，奉旨攝羅天大醮，賜「玄門弘教白雲真人」。	
								1251	掌管關中道教事。	
李仲美	1169	1254	守寧	無欲子	╲	全真	楊碧虛	1236	提點重陽宮。	╲
								1240	賜「無欲觀妙真人」。	

3.《秋澗集》記載：

> 《故普濟大師劉公道行碑（有序）》
>
> 師諱志貞字子常，族劉氏，陝之三堂人。幼沉潛不好弄，及長趣向沖曠。讀黃老書，遂棄家人入道。既而尋師來晉，止烏玄都宮，與方士韓仙翁遇，傳寶珠照法，覺靈懽悅，日有所悟。歲己亥，披雲宋公首暢宗風，力紹絕學，起道藏書於河汾間，師幡然喜曰：此人天師也，吾皈依有所，即執弟子禮事之。受紫虛籙訣，香火修持，晨夜不少懈。宋偉其志，後以上清三洞五雷籙法畀焉。今聖上邸潛時聞其名，遣使召至，試以籙法……上異之，賜御醪仙鼈，加號普濟大師。特光寵焉，留館堂下以需時召。自是道階隆隆，風動一時矣。中統庚申冬詔，就長春宮設羅天清醮，師攝行大禮，凡七旦夜，神人和暢，且有天光現朗之異。上聞之甚喜，咸謂師精誠所致。[1]

這次醮儀是劉志貞於中統元年（1260 年）在長春宮啟建的。劉志貞 1236 年拜宋德方為師，並先後受紫虛籙、上清三洞五雷籙。從表格 31 可以得知宋德方從 1237 年前後開始整

1 〔元〕王惲：《秋澗集》卷五十三，見《景印文淵閣四庫全書》第 1200 冊，台灣商務印書館，1983 年，第 709-710 頁。

理道經，據判斷劉志貞肯定參與了《玄都寶藏》的整理工作。長春宮既是今日全真祖庭白雲觀的前身，前者金時期的太極宮又是長春宮的前身，從太極宮到長春宮直至今日白雲觀，從金、元直至現代，羅天大醮一直經久不衰。

4.《終南山祖庭仙真內傳》卷下：

> 圓明真人，師姓高諱道寬，字裕之，世為應州懷仁縣之豪族。質貌魁偉，襟度夷曠，以明昌乙卯歲七月十九日生。……乙亥，復召師就行宮修金籙羅天大醮，自將事之日，迄於筵終，瑞雲輪囷，靈應昭著，備見於參政商君所作投龍冊碑，茲不贅述。……丙子秋七月，安西王頒降詔書，益以西蜀道教並付掌教管，師典領教門喻二十年，專尚德化，未嘗一施政刑，……以是年逾八旬，步履康強。[1]

這是終南山道士高道寬於元世祖忽必烈至元十二年（1275 年）在行宮為皇帝所作的一場羅天大醮，高道寬生於金章宗明昌六年（1195 年），啟建醮儀的時候已經是八十高齡，這是迄今為止有史料記載主持羅天大醮最長年紀的道士。

1　《道藏》第 19 冊，第 542 頁。

第三節　小結

從 1211 年至 1275 年，舉辦了四次羅天大醮（見表格 32）。南宋末年，南宋、遼、金、蒙古多方政權交織在一起，社會動盪，全真教卻異軍突起，這個問題需要深入思考。羅天大醮在此時期的特點：1、全真教啟建的醮儀佔了 75%；2、醮儀登場道士人員眾多，而且都是全真教教內的精英人物；3 醮儀過程鮮有官員的記載，這些說明教團的個體性、獨立性在逐漸增強；4、醮儀均在全真教的祖庭啟建，這樣可以彰顯祖庭的重要性，也因傳承了羅天大醮而確立了全真道的正統性。

表 32　南宋末年金、元（蒙古）的羅天大醮匯總表

序號	年份	帝號	帝王	時間			醮儀名稱	地點	醮儀歷時時間	主祀道士	目的	出處
				年號	年	月						
1	1211	衛紹王	完顏永濟	大安	3	12	羅天大醮	太極宮	3 天	李大方、劉道門	崇慶改元	《投龍碑》
2	1244	元太宗	＼	＼	3	春	羅天大醮	大重陽萬壽宮	＼	李真常宋披霞、薛太霞、洎公與李無欲	慶賀	《甘水仙源錄》卷五
3	1260	元世祖	忽必烈	中統	1	冬	羅天清醮	長春宮	7 天	李志貞	慶賀	《秋澗集》卷五十三
4	1275			至元	12		金籙羅天大醮	行宮	＼	高道寬	＼	《終南山仙真祖庭內傳》卷下

第七章

結束語

唐初由於朝廷的大力支持，道派和教理都得到了大力的發展，茅山宗、龍虎宗、樓觀宗、羅浮山都與王朝保持密切的聯繫，道教齋醮科儀也隨之迅猛發展，其特點鮮明：（1）寇謙改革道教，使祭酒家族式制度被打破，道教科儀的革新；（2）隋代的統一，南北道教教派之間加強互動，齋醮科儀積極融合，不斷增添新的元素；（3）唐代李姓王朝對於道教神學的需要，藉助道教的信仰來證明其君權神授的合法性，也利用道教的齋醮儀式以獲得諸天神仙的庇祐和天下黎庶的歸順。

「安史之亂」（755 年—763 年）雖然僅持續了八年，但是卻給整個社會帶來了深重的災難，州城府縣被毀，人們死走逃亡，詩人杜甫於至德二年（757 年）得知肅宗即位後，趕赴靈武覲王路過延州城時留下了「邊兵盡東征，城內空荊杞」和《述懷》：「幾人全性命，盡室豈相偶？」的詩句，[1] 反映出那個時代的動盪和民不聊生，唐王朝轉向衰敗，面對再次的社會動盪，雖然教團自身受到了重創，但是經過盛唐的發展，已經積蓄一定的力量，可以從容面對這種困境，羅

1　彭麗華：《安史之亂》，人民出版社，2014 年，第 9-19 頁。

天大醮的出現就是有力的佐證。北宋初期，道教一直在緩慢發展，這從附錄表格 13 和表格 14 中均可以感覺出來。從宋真宗開始，隨着封禪和君權神授的需要，統治階級開始對道教大力扶持，宮觀使的制度，更使道觀的名稱加入到統治階級的官職制度之中。只有尚書這樣的高級官吏或有功之臣才可以加封宮觀使，在《宋史》中常常看到有節度使祈求加封宮觀使，而皇帝不予批准的事例。道教初期在正史中也沒有突出的人物，直至徽宗時期，林靈素、王文卿、徐知常等道士都是名極一時，但是很多人物都強調個體的突出，而相互之間的協作不多，此時期雖然道派林立，但教團整體組織鬆散，發展受到地域的局限。

從唐肅宗第一次羅天大醮（759 年）至南宋末期（1276 年）的五百多年的時間裏，歷經了唐、北宋、南宋、金、蒙古等多個朝代，政權輪換，除了茅山宗、龍虎宗等傳統宗派不溫不火的持續發展，很多新興的教派如神霄派、天心派等都逐漸淹沒在歷史的長河之中，但是羅天大醮一直興盛至今，而且從五百年的發展中可以看到在各個歷史時期的主流宗派都參與了啟建羅天大醮，這使得羅天大醮承載了太多道教的傳承，很值得我們去深入地研究。

唐代從 759 年至 907 年之間，一共啟建了五次羅天大醮。從啟建頻率方面，平均每 30 年建醮一次。從啟建地點方面，在這五次中除了第二次明確在三清殿舉辦，餘下均在室外露天啟建。從建醮目的方面，有三次禳災：安史之亂、澤潞之戰、滅唐之戰；有兩次祈福：祈福、皇帝受籙。從啟建主體方面，都是朝廷建醮。從道士身份方面，《羅浮山志》中都提及了申泰芝和趙歸真。特點和創新：(1) 歷史上時間最長的羅天大醮，唐武宗會昌四年（844 年）四月至七月；(2) 認定九天道場為羅天大醮的別稱；(3) 通過從政治角度重新詮釋了蜀王王建羅天大醮的目的；(4) 從經濟方面分析了羅天大醮壇場的搭建，使得從貨幣價值的角度對羅天大醮有更加直觀的認識。

北宋從 1016 年至 1113 年之間，一共啟建了三次羅天大醮。從啟建頻率方面，平均每 30 年建醮一次。從啟建地點方面，二次明確在觀內舉辦，一次室外露天啟建。從建醮目的方面，有一次禳災；有兩次祈福：祈福、皇帝祝壽。從啟建主體方面，都是朝廷建醮。從道士身份方面，新興道派神霄派代表人物林靈素。特點和創新：宋真宗大中祥符九年（1016 年）於諸州天慶觀啟建羅天大醮成為歷史上範圍最廣的羅天大醮。

南宋從 1178 年至 1260 年之間，一共啟建了九次羅天大醮。從啟建頻率方面，平均每 9 年建醮一次。從建醮地點方面，有三次在宮觀，一次在殿堂，餘下未知。從啟建地域方面，在這九次中包括四次臨安，兩次廬山，一次南嶽，一次重慶。從建醮目的方面，有四次渡亡，兩次受籙，一次祝壽，一次祈福，一次祈晴（還有一次祈晴但是最終沒有啟建）。從啟建主體方面，都是朝廷建醮。從道士身份方面，《龍虎山志》中都提及了留用光，《茅山志》中提及了薛汝積。此時期羅天大醮值得注意的是：(1) 由南宋茅山派「遙禮」

追溯到唐代的「遙禮」，顯示出其獨特意義；(2) 根據朝廷為啟建羅天大醮撥付的財物換算出舉辦一次羅天大醮的費用，讓人們直觀的感受這項醮儀的巨大花費。

至金元（蒙古）之際從 1211 年至 1275 年之間，一共啟建了四次羅天大醮。從啟建頻率方面，平均每 16 年建醮一次。從啟建地點方面，有三次在道觀，而且是全真祖庭，一次在行宮啟建。從建醮目的方面，四次均為祈福。從啟建主體方面，都是奉詔建醮。從道士身份方面，李大方師從武夷山沖佑觀的郭師禮，李真常、宋德芳、劉志貞、李仲美、綦志遠等都是全真教當時的著名道士。特點和創新：(1) 對於《道家金石略》中的《投龍碑》和《投龍記》進行了深入的原始考證。源起是對《道家金石略》中的《投龍碑》和《投龍記》中羅天大醮涉及的道士李大方和劉道元進行人物考證的時候，發現《投龍碑》和《投龍記》記錄的劉道元名字有出入，這個問題促使我要尋找其他的版本來進一步考證。於是我尋根溯源，從《道家金石略》中的《投龍碑》和《投龍記》開始，按照版本由新到老的順序找到了，《金文最》（一百二十卷本）的《投龍碑》和《投龍碑》，《金文最》（六十卷本）的《投龍碑》和《投龍碑》，《偃師金石遺文補錄》（十六卷本）的《投龍記》，《偃師縣志》的《金投龍記》。通過這五個版本的對比分析，我梳理出了從原始版本《偃師縣志》到《道家金石略》的金石名稱、人物名字、年代等方面變化的過程，從源頭找到了問題所在。雖然沒有徹底的解決問題，但是尋找到了問題的根源。我們期待將來有更多的史料被挖掘出來，可以使這個懸而未決的問題迎刃而解。（2）全真教在這個時期全面興起，通過羅天大醮的發展過程的分析，使得我們重新深刻探討全真教教團人員構成和祖庭概念的起源。

如果將各個朝代的羅天大醮橫向對比，我們可以發現一些具有規律性和邏輯性的特點：

1. 從啟建頻率方面，唐代、北宋平均 30 年左右一次，南宋 9 年一次，金、蒙 15 年一次，總體來説醮儀成上升趨勢，南宋在孝宗至理宗期間有一百多年的休戰期，經濟得到了復甦，但是由於北宋的滅亡而普遍存在於士族和官僚等精英階層的屈辱感和北方金、遼的虎視眈眈而對黎庶形成的恐懼感和壓迫感，人們脆弱的心靈急需得到慰藉，而且統治階級一如既往的崇道風氣使得羅天大醮一直經久不衰。金、蒙時期雖然從頻率上不如南宋，但是全真教包攬了 75% 份額的羅天大醮，就這一項，是之前任何宗派沒有達到的。

2. 從啟建地點方面，隨着舉辦醮儀的場地逐漸由野外轉向殿堂和道觀，意味着道觀數量逐漸增加，道觀的規模也逐漸擴大。還預示着道教自主性的逐漸增強。

3. 從啟建的地域方面，由歷朝都城，逐漸向經濟文化重鎮和道教各個主流宗派的祖庭轉移的趨勢，如唐代王建的蜀地，人才濟濟，而且經濟繁榮；北宋諸州的天慶觀；南宋的茅山、南嶽、太平興國宮；金元時期的全真諸祖庭。

4. 從啟建目的方面，從禳災、祝壽、受籙、渡亡、祈晴到為國祈祥，歷經了從單一到複雜，由片面到全面，由簡單到綜合的轉變，這是醮儀功能強大和社會需要之間相互作用的結果，羅天大醮最初是以禳災為主，但是隨着醮儀的靈驗，證明醮儀擁有強大的功能性，古代人生和死是頭等大事，歷代帝王更加看重，於是逐漸在祝壽和渡亡的儀式中選取了羅天大醮，到了南宋，統治階級積極生產，恢復經濟，準備勵精圖治收復失地，首要的就是農業，正所謂大兵未動，糧草先行。每年的糧食生產是首要大事，所以風調雨順是統治階級期盼的，所以遇見極端天氣影響農作物生長，就會啟建羅天大醮祈求天氣好轉，所以頻繁出現祈晴道場，於是羅天大醮又增加了一項功能。宋寧宗楊皇后想要媲美宋真宗劉皇后的名望，並效仿其從茅山宗壇受籙，之所以選擇羅天大醮，就是因為她自知不可能與一代明后齊名，所以只能夠從受籙醮儀的規格上趕超。宋真宗劉皇后受籙設醮三百六十分位，宋寧宗楊皇后受籙啟建羅天大醮設醮一千二百分位。最後唯一能夠體現強大功能就是沒有具體功能的體現，而為國家祈福禳災，金元時期啟建羅天大醮的目的，恰好説明了這個趨勢。

5. 從啟建主體方面，唐、北宋、南宋完全由統治階級佔主導地位，但是到了金元階段，由於全真教教團的特性，教團逐漸掌握了部分主動性，為道教的發展開闢了新局面。

6. 從費用方面，筆者根據考證，得出了唐代肅宗時代搭建羅天大醮壇場的估算費用和南宋末年啟建一次為期三天的羅天大醮的費用，分別為 27 萬和 400 萬，這個價格即使是今天都是一個驚人的數字，所以羅天大醮是與國力的強盛緊密相連的。我們通過這個直觀的價值概念，可以從指導思想上對現代社會啟建羅天大醮有一個新的詮釋。

7. 從道士身份方面，雖然唐宋羅天大醮中道士並不是主體，但是經過分析，歷朝啟建羅天大醮時登場的道士只有兩種身份，最新興的教團領袖和最古老的一直處於主流教團的領袖。其中代表最具代表性的就是林靈素的神霄派和一直與歷代統治階級有聯繫的茅山派，林靈素深得徽宗崇信，當時天下遍建神霄宮，但是林靈素久在皇帝身邊，皇帝的寵臣勢必對其有所詬病，久而久之就會形成道教和士大夫階層之間的對立，加之天下遍建神霄宮，耗費大量財力，也使得下層官吏和黎庶怨聲載道，所以神霄派如曇花一現，很快就退出了歷史舞台。茅山派就從「遙禮」說起，這種形式可以追溯到唐玄宗受籙，唐玄宗對於茅山度師的師資僅是一襲紫衣，到了楊皇后，則是在茅山上建立兩所新的道觀以充師資。以往的研究重點和角度大都從統治階級出發，強調皇權的尊貴，即使是拜師受籙也不能屈尊前往，但是如果從茅山派的宗師角度來分析，皇族受籙都是於盛世舉行，如果去京都受籙，既可以名揚天下，也可以獲得更多的賞賜和結交更多的權貴，但是教團的領袖們並沒有這樣做，而是以「遙授」這樣不溫不火的態度去對待，只有這樣才歷經百年而經久不衰，這就是道教的本質和魅力所在。

8. 有幾次「羅天大醮」需要特別重申一下：第一次，唐代杜光庭在《天壇王屋山聖跡序》中記載：「國家保安宗社，金籙籍文，設羅天之教，投金龍玉簡於天下名山洞府。」[1]這次曾被學界當做羅天大醮，實際上經過本文從政治角度詳細考證，否認了這個看法。第二次，據《翰苑新書別集卷九》中的一道青詞《太乙宮啟建明堂大禮預告祈晴道場滿散設醮一千二百分位青詞》[2]記載的南宋時期的一次羅天大醮，經過與《宋史》對比，發現這次醮儀由於諫官的阻止，最終沒有啟建。第三次，《中國道教史》（第 3 卷）記載：「金章宗泰和元年（1201 年）在亳州太清宮設羅天大醮祈皇嗣，王處一、蕭志沖等應詔主齋。」[3]但是經過查找原始文獻《玉陽體玄廣度真人王宗師道行碑並序》，其中記載為普天醮，也否認了這次醮儀。從中我們總結出羅天大醮的判定，目前第一步是從名稱來判定，然後就要多方查找史料進行排除判斷，最後再根據當時的政治、經濟等時代背景進行合理化排除。這樣剩下的就暫時判斷為羅天大醮，但是隨着對史料的進一步挖掘和對歷史的深入研究，可能會增加更多的羅天大醮，也許會否定已經判定的羅天大醮。

當代的羅天大醮，規制嚴謹，場面愈加宏大。啟建過羅天大醮的地點還要舉辦，沒有啟建過的地方爭相舉辦，而且

1　〔清〕董浩等編：《全唐文》卷九三二，中華書局，1983 年，第 9703-9704 頁。《道藏》第 19 冊，第 700-701 頁。

2　〔宋〕《翰苑新書別集》，見《景印文淵閣四庫全書》第 950 冊，台灣商務印書館，1983 年，第 90 頁。這道青詞見《後村先生大全集》，《四部叢刊》並未收錄。

3　卿希泰主編：《中國道教史》（修訂本）第 3 卷，四川人民出版社，1996 年，第 5 頁。

有些地方還要將此作為地方的傳統項目連年舉辦。首先對於羅天大醮的興盛和認可，筆者作為一名道士是非常高興的。但是經過對唐宋羅天大醮比較深入的研究之後，有些建設性的意見僅供參考：

1. 羅天大醮具備祈福禳災的近乎於完美的強大功能，啟建醮儀不能不切實際的一味跟風，要有的放矢，因為這是一個大型的道教齋醮科儀，而不是一場演出，要體現出宗教的莊嚴性。

2. 羅天大醮規制嚴謹，小到一面旗幟，大到神像佈置，都有嚴格的要求和特殊的神性含義，從唐代搭建壇場都可以感受到其複雜性，另外還有服裝、法器、香料、人員等等，都要遵守嚴格的宗教儀軌，絕對不能為了博得名望而粗製濫造，濫竽充數。

3. 對於羅天大醮要慎重啟建，因為按照傳統的儀軌，一場醮儀花費巨大，我們的國力雖然日漸強盛，但是國土面積大，地區性的經濟差異很大，有很多地區教育、醫療都很落後，上百萬的啟建費用可以解決很多民生問題，所以要三思而行。但是為了滿足信眾公民日益增長的宗教需要，我們又要將這個大型齋醮科儀傳承下去，一定要將醮儀舉辦上升到為國為民的高度，可以採取利用新型的網絡宣傳、多地聯辦等節約開支新舉措來解決這個矛盾。筆者在此提出「三慎原則」：即慎重選擇時機；慎重選擇地點；慎重選擇規模。

唐宋羅天大醮的實踐活動如同一堂生動的道教史的課

程，我們看到了一個個朝代征伐屠戮，開基創業，走向鼎盛，然後危機四伏，最後衰敗滅亡，而被另一個朝代所替代。我還看到一個個鮮活道教人物和道教教團躍然紙上，演繹了唐宋歷史上道教的發展歷程。眾所周知，目前道教分為正一和全真兩大派，在唐宋羅天大醮實踐的初期，正一派就一直活躍在羅天大醮的舞台上，直到宋末與金、蒙相交的時代，全真教才粉墨登場，並一直發展至今。金元時期的羅天大醮實踐活動中全真教佔據了 75%，而且這些活動都發生在全真祖庭，參加醮儀的道士都是教內精英且人數眾多，全真教的崛起就是教團人員組織結構調整和道觀地域設置改變所導致的，而這些積極的調整和改變可以從唐宋時期羅天大醮的實踐活動中找尋到相關的誘因。下面就對上述兩點進行詳細考證和分析。

教團人員組織機構的調整。唐宋羅天大醮之中出現的道士呈逐漸增多的趨勢，除去掌教宗師，有不少僅有名字，無從考證，但是這些道士多數與統治階級有着密切的關係，受到崇信。由於朝廷賞賜頗多，生活富足，道業就不會精進。雖然當時道教宗派眾多，但是都守着長期安逸的生活，教團整體長期呈現出組織鬆散的狀態，統治階級也只是延續慣性運用道教的科儀來為自己服務。直到全真教主祀的羅天大醮之中，高道輩出，每個人留存於世的詩詞歌賦、道教經典不知凡幾。這些人多數都是士族出身，從小生活富足，受到了良好的教育，唐代的道舉制度雖然沒有持續下去，但是道教經典卻因此而廣泛流傳於社會。歷朝歷代多少士族官宦、騷人墨客都深受其影響。一大批志士飽讀詩書，常懷報國之志，又不願在宦海中爾虞我詐，全真教創始人王重陽就應該是其中之一。對於王重陽創教之初至仕不順這段歷史學界已經多有著作。[1] 這些著作幾乎都有一個定論：王重陽出家入道的主要原因是仕途不順。誠然這應該是原因之一，但是我覺得還應該有其他的因素需要考慮：（1）王重陽的身份不同於一般道士，他是全真教的創教宗師，他們身上的特質肯定要異於常人；（2）唐代道舉制度使得道教經典廣流於世，王重陽對道教的經典和教理教義非常熟識；（3）如果用考取功名的艱辛和開宗立派的付出相比較，後者需要的勇氣和進取精神是前者所無法比擬的。王重陽若是將創教的精神用在專心博取功名之上，根據他的學識，應該會有所成就。（4）在唐宋羅天大醮的實踐活動中也涉及到這個問題，醮儀中的道士一部分屬於龍虎山、茅山、羅浮山、閣皂山、武夷山等道教名山，而且這些地方都被視為本宗的祖庭。雖然從羅天大醮的歷史脈絡來看他們都一直傳承下來，但是這些宗派相對獨立，除了掌教宗師，餘下的道士往往出現在多個地方的山志之中，沒有固定的傳承。還有一部分道士一直遊走於宮闈之中，與統治階級關係密切，在全國建立祖庭宮殿，比如林靈

1　趙衛東：《金元全真道教史論》，齊魯書社，2010 年，第 3-13 頁。景安寧：《道教全真派宮觀、造像與祖師》，中華書局，2012 年，第 9-11 頁。張廣保：《全真教的創立與歷史傳承》，中華書局，2015 年，第 5 頁。卿希泰主編：《中國道教史》（修訂本）第 3 卷，四川人民出版社，1996 年，第 31 頁。

素、史崇玄，道士如果捲入宮廷爭鬥，個人結局不好，對於教團發展也不利。(5)從古至今都有一類人，他們飽讀詩書、為國為民、志向遠大，但是又隨遇而安。這些人對於仕途名利都抱着淡泊名利、淺嚐輒止的態度。一旦考取功名則為官清正，若國泰民安就仕途坦蕩；若宦海兇險，則功成名遂、急流勇退。一旦至仕不順，則欣然接受，或遊歷名山大川，或隱居世外，一旦朝代交替、風雲突變，他們就會義無反顧地拯救蒼生黎庶於苦海之中。這類人往往為大家所忽略，而他們又是宗教潛在的中堅力量，爭取到這些人，宗教就會煥發生機，取得主動。王重陽在創教初期肯定對這些問題有了深入的反思。當時社會變革，民不聊生，道教必須以一個全新的方式獲得統治階級和天下黎庶的認可，所以初期就網羅了一批同自己經歷頗為相似的士族子弟，以持出家、飢餓戒和行乞來要求他們，讓他們消除自身的優越感，切身感受到民間的疾苦，激發他們為國為民的願望，捨棄小我，成就天下，以拯救蒼生為弘道的終極目標。

道觀地域設置改變中，最成功的就是提出了祖庭概念。張廣保在《全真教的創立與歷史傳承》中對全真教祖庭的概念已經闡述得十分清楚，他說：「所謂祖庭，在金代原是指地處陝西終南山地區（今屬陝西戶縣）的大重陽萬壽宮。此地因為係全真教祖王嚞（道號重陽子）煉化及遺蛻歸葬之地，因而在全真教門得到特別的尊崇。其後隨着全真教在蒙元時期的發展、壯大，又出現了東祖庭、玄元祖庭、祖宮等等……因此，無論是祖庭還是堂下，實際上都是指一組宮觀，它們圍繞核心宮觀組成宮觀羣體。」[1] 其中東祖庭有兩處，分別是在山東昆嵛山的東華宮（供奉東華帝君）和山西永濟縣的純陽萬壽宮（純陽帝君呂洞賓誕生之地）。祖宮也有兩處，分別是陝西終南山的宗聖宮（與老子、尹喜、《道德經》相關聯）和河南鹿邑縣的亳州太清宮（老子故里）。堂下指的是元代國都的大長春宮，即今日北京白雲觀（宗教中樞和掌教宗師駐蹕之地）。由此看來全真教將祖庭由陝西輻射到山東、山西、河南、北京，並且每一個地域選擇的宮觀都有重要的意義。

在唐宋羅天大醮的實踐活動中也涉及到這個問題，醮儀中頻頻出現龍虎山、茅山、羅浮山等道教名山，而且這些地方都被視為本宗的祖庭。雖然從羅天大醮的歷史脈絡來看，它們都一直被傳承下來，但是這些宗派相對獨立，宗派的祖庭之間交流甚少。還有一部分道士一直遊走於宮闈之中，與統治階級關係密切，建立全國性祖庭宮殿，比如林靈素神霄派的神霄宮，這種模式使得個人結局不好，對於教團發展也不利。我認為全真教提出的祖庭概念是一個全新的定義，並借鑒了唐宋時期的經驗和教訓，祖庭建立陝西、山東、山西、河南、國都這樣關鍵性地域，既不像茅山、龍虎山那樣單一，也不像神霄派那樣遍及各個州府，而且教團組織嚴密，傳承譜系清晰，祖庭之間緊密聯繫，形成地區性的網絡。

1 張廣保：《全真教的創立與歷史傳承》，中華書局，2015 年，第 16 頁。

雖然我們無法穿越時空，回到過去了解全真教初期教團如何制定出這一系列的舉措，形成自身獨有的特質。但是我們今天可以從唐宋羅天大醮實踐活動中尋找到產生這些特質的源頭，雖然朝代久遠，但時至今日，祖庭概念的延續，教團人員自身修養的提高和對於教外人才的吸引，這些因素依然是道教發展的良方，希望本書可以帶來一點啟示。文中多有粗陋淺薄之處，至於補苴罅漏，蒐集遺闕，當然還有待來日。

參考文獻

1. 書

● 史料類

〔後晉〕劉昫等撰《舊唐書》，中華書局，1975 年。

〔唐〕《大唐開元禮》《附大唐郊祀錄》，民族出版社，2000 年。

〔唐〕李林甫等撰，陳仲夫點校《唐六典》，中華書局，1992 年。

〔唐〕釋圓仁撰，顧承甫、何泉達點校《入唐求法巡禮行記》，上海古籍出版社，1986 年。

〔唐〕魏徵撰《隋書》，中華書局，1973 年。

〔宋〕范曄撰《後漢書》，中華書局，1965 年。

〔宋〕歐陽修、宋祁撰《新唐書》，中華書局，1975 年。

〔宋〕沈括《夢溪筆談》，《四庫叢刊續編子部》。

〔宋〕宋敏求編《唐大詔令集》，中華書局，2008 年。

〔宋〕王溥撰《唐會要》，中華書局。1955 年。

〔宋〕王珪撰《華陽集》，《景印文淵閣四庫全書》，台灣商務印書館，1983 年。

〔宋〕王欽若撰《冊府元龜》，1960 年。

〔宋〕吳泳撰《鶴林集》，《景印文淵閣四庫全書》，台灣商務印書館，1983 年。

〔宋〕周必大撰《文忠集》，《景印文淵閣四庫全書》，台灣商務印書館，1983 年。

〔宋〕《翰苑新書別集》，《景印文淵閣四庫全書》，台灣商務印書館，1983 年。

〔金〕元好問著，狄寶心校註《元好問文編年校注》，中華書局，2012 年。

〔元〕馬端臨撰《文獻通考》，中華書局，1986 年。

〔元〕脱脱等撰《宋史》，中華書局，1977 年。

〔元〕王惲撰《秋澗集》，《景印文淵閣四庫全書》，台灣商務印書館，1983 年。

〔明〕《道藏》，三家出版社影印本，1988 年。

〔清〕董浩等編《全唐文》，中華書局，1983 年。

〔清〕張金吾編纂《金文最》，中華書局，1990 年。

〔清〕《續修四庫全書》，上海古籍出版社，2002 年。

《中國方志叢書》，成文出版社，1976 年。

《中國地方志集成》，鳳凰出版社。

高小健、張智主編《中國道觀志叢刊正續編》，廣陵書社，2015 年。

劉琳、刁忠民、舒大剛、尹波等校點《宋會要輯稿》，上海古籍出版社，2014 年。

● 現代學術著作

卞孝萱校訂《中國古典文學基本叢書劉禹錫集》，中華書局出版，1990 年。

陳垣編纂，陳智超、曾慶瑛校補《道家金石略》，文物出版社，1988 年。

顧頡剛，劉起釪《尚書校釋譯論（全四冊）》中華書局，2005 年。

景安寧《道教全真派宮觀、造像與祖師》，中華書局，2012 年。

雷聞《郊廟之外——隋唐國家祭祀與宗教》，三聯書店，2009 年。

林西朗《唐代道教管理制度研究》，巴蜀書社，2006 年。

盧國龍、汪桂平《道教科儀研究》，方志出版社，1999 年。

呂鵬志《唐前道教儀式史綱》，中華書局，2008 年。

彭麗華《安史之亂》，人民出版社，2014 年。

卿希泰主編《中國道教》，知識出版社，1994 年。

卿希泰主編《中國道教史》（修訂本），四川人民出版社，1996 年。

王卡《敦煌道教文獻研究》，中國社會科學出版社，2004 年。

蕭公權文集《跡園文錄》，《聖教與異端》，中國人民大學出版社，2014 年。

楊偉立《前蜀後蜀史》，四川省社會科學院出版社，1986 年。

張廣保《全真教的創立與歷史傳承》，中華書局，2015 年。

張澤洪《道教齋醮符咒科儀》，巴蜀書社，1999 年。

張澤洪《道教齋醮科儀研究》，巴蜀書社，1999 年。

趙衛東《金元全真道教史論》，齊魯書社，2010 年。

• 外國宗教着作

〔日〕福井康順、山崎宏、木村英一著《道教》，上海古籍出版社，1990 年。

〔英〕巴瑞特著，曾維加譯《唐代道教——中國歷史上黃金時期的宗教與帝國》，齊魯書社，2013 年。

〔英〕詹姆斯·喬治·弗雷澤著，徐育新等譯《金枝——巫術與宗教之研究》，大眾文藝出版社，2009 年。

• 工具書

胡孚琛主編《中華道教大辭典》，中國社會科學出版社，1995 年。

李潔萍編著《中國歷代都城》，黑龍江人民出版社，1994 年。

丘樹森主編《中國歷代職官辭典》，江西教育出版社，1991 年。

譚其驤主編《中國歷史地圖集》，中國地圖出版社，1996 年第 2 版。

楊子慧、張慶五《中國歷代的人口與戶籍》，天津教育出版社。

趙德義、汪興明主編《中國歷代官稱辭典》，團結出版社，1999 年。

中國道教協會《道教大辭典》，華夏出版社，1994 年。

2. 期刊論文

傅飛嵐著，呂鵬志譯《二十四治和早期天師道的空間與科儀結構》《法國漢學》第七輯（宗教史專號），中華書局，2002 年。

王韻《論唐、五代的昭義鎮》，四川大學碩士學位論文，2003 年。

吳真《從杜光庭的六篇醮詞看早期羅天大醮》，《中國道教》，2008 年第 2 期。

張重艷《「公文紙本文獻整理與研究學術討論會」綜述》，《中國史研究動態》2013 年第 3 期。

周郢《「碧霞元君」神號源起時代新考》，《民俗研究》2007 年第 3 期。

致　謝

本書是在我的導師何建明教授的精心和悉心幫助下完成的。導師嚴謹的學術思路、實事求是的治學態度、淵博的學識、敬業的精神、正直的為人、敏鋭的洞察能力是我畢生學習的楷模。本書中對於史料的把握，寫作素材的收集，多種研究方法的採用，尤其是最終的結論，都是在導師日常對我耐心的教導下完成的。再次對導師在學術上的精心指導和生活上的關懷表示最崇高的敬意和最衷心的感謝。

衷心感謝國家統戰部、國教宗教局、教育部、中國人民大學給我們宗教人士這樣一次難得的學習機會。

衷心感謝中國人民大學哲學院姚新中院長、田傳峰副書記、李鵬舉、范婷、劉寧、于競由老師等在學習與生活等方面給予的關心與幫助。

感謝何光滬教授、張風雷教授、魏德東教授、羅安憲教授、張文良教授、宣方教授、張雪松教授、曹南來教授、溫海明教授、曹峰教授、趙雁麗教授等在我學習上提供的幫助。

感謝歷史學院曹新宇教授和文學院吳真教授對我學術上的辛勤指導。

感謝宗教班中佛教、伊斯蘭教、天主教和基督教的同學和援藏幹部班的同學以及應屆班的所有專業的同學在我學習與生活上的關心與幫助。

最後感謝在我學習、生活及本書完成過程中給予過我關心和幫助的所有老師和同學。

附錄：圖表

（括號中數字代表對應章節）

表格 1（1-1-1） 三十六重天

表格 2（1-1-1） 羅天大醮 1200 分位

表格 3（1-1-2） 歷代官修《道藏》總匯

表格 4（2-1-1） 《陸先生道門科略》節選與現代齋醮科儀對比

表格 5（2-1-2） 九齋十二法

表格 6（2-1-3） 唐前道教齋醮科儀沿革表

表格 7（2-3-1） 唐初至第一次羅天大醮之齋醮統計

表格 8（2-3-2） 唐代道舉制度

表格 9（2-3-3） 《唐大詔令集》僧道地位變化

表格 10（3-1-1） 綿蕝壇場搭建費用

表格 11（3-1-2） 《大唐郊祀錄》中薦獻太清宮齋醮科儀

表格 12（3-2-1） 唐敬宗崇道大事件

表格 13（3-4-1） 唐代羅天大醮匯總

表格 14（4-0-1） 宋太祖時期佛道大事件

表格 15（4-0-2） 宋太宗時期佛道大事件

表格 16（4-1-1） 宋真宗時期佛道大事件

表格 17（4-1-2） 王欽若仕途年譜

表格 18（4-2-1） 宋仁宗時期佛道大事件

表格 19（4-2-2） 王珪仕途年譜

表格 20（4-2-3） 《華陽集》青詞統計

表格 21（4-2-4） 宋英宗、神宗、哲宗時期佛道大事件

表格 22（4-3-1） 宋徽宗、欽宗時期佛道大事件

表格 23（4-3-2） 北宋新增節日統計

表格 24（4-4-1） 北宋羅天大醮匯總

表格 25（5-1-1） 南宋新增節日總計

表格 26（5-3-1） 香料換算

表格 27（5-4-1） 南宋羅天大醮匯總

表格 28（6-1-1） 五種版本文獻對比

表格 29（6-1-2） 沖佑觀年表

表格 30（6-1-3） 李大方、劉道元對比

表格 31（6-2-1） 五真人

表格 32（6-4-1） 金元時期羅天大醮匯總

圖 1 居賢觀道場照

圖 2 大明宮平面圖

羅天大醮：唐宋時期的興起和實踐

曹羿　著

責任編輯　陳思思
裝幀設計　鄭喆儀
排　　版　賴豔萍
印　　務　劉漢舉

出版　中華書局（香港）有限公司
香港北角英皇道 499 號北角工業大廈一樓 B
電話：（852）2137 2338　傳真：（852）2713 8202
電子郵件：info@chunghwabook.com.hk
網址：http://www.chunghwabook.com.hk

發行　香港聯合書刊物流有限公司
香港新界荃灣德士古道 220-248 號
荃灣工業中心 16 樓
電話：（852）2150 2100　傳真：（852）2407 3062
電子郵件：info@suplogistics.com.hk

版次　2025 年 2 月初版

規格　32 開（210mm×150mm）

ISBN　978-988-8912-56-8